NORBERT MISCH-KUNERT

BIKE-WORKSHOP

NORBERT MISCH-KUNERT

BIKE-WORKSHOP

DELIUS KLASING VERLAG

2. Auflage

ISBN 3-7688-0714-2

© Copyright by Delius Klasing & Co, Bielefeld

Printed in Germany 1991

Das Kapitel über Garantiebestimmungen schrieb Uwe Geißler;
Thomas Rögner und Thomas Rank verfaßten die Kapitel über die
richtige Rahmenhöhe und die optimale Übersetzung.

Besonderen Dank für ihre Beratung und Unterstützung an:
Jürgen Eckmann, Heinz Endler, Uwe Geißler, Thomas Rögner, Jürgen Sprich,
Ulrich Stanciu und Sabine Urbas-Plenk.

Fotos: Heinz Endler, Uwe Geißler, Mona Giulini, Ulrich Stanciu.
Illustrationen: Martin Gieshoidt.
Titelfoto: Elan Sunstar.

Gestaltung: Sabine Urbas-Plenk

Druck: Kunst- und Werbedruck, 4970 Bad Oeynhausen

I N H A L T

1.

EINFÜHRUNG

Faszination Mountain Bike — das Radeln abseits der Straße entwickelt sich zum Volkssport Nummer eins. Kein anderes Sportgerät schafft so viel Freiraum für Kreativität — dank überschaubarer Technik und breiter Gestaltungsmöglichkeiten.

Freiheit, Fitneß und Abenteuer:
Mit dem Bike kann man auf umweltfreundliche Weise die Schönheiten
der Natur und die Faszination einer
modernen Technik erleben.

So eine Geschichte kann jedem mal passieren: Sie sind auf großer Urlaubstour, Ihr Bike ist schwer beladen, und hinten rechts bricht eine Speiche. Das Rad bekommt sofort einen Achter, schleift und blokkiert zwischen den Kettenstreben. Ende der Dienstfahrt? Keineswegs. In drei Minuten sind Sie wieder fahrbereit: Kaputte Speiche rausdrehen, gegenüberliegende anziehen, prüfen, fertig. Ein Kinderspiel – wenn man sich zu helfen weiß.

Das Mountain Bike bietet vielen Menschen endlich wieder die Chance, einen wesentlichen Teil ihres Alltags durch eigenes Geschick, spezielle Fertigkeiten und kreatives Denken in neue Bahnen zu leiten. In etlichen Bereichen hat der technische Fortschritt des zwanzigsten Jahrhunderts das Leben einfacher und komfortabler gemacht – oft vielleicht sogar etwas zu komfortabel. Die meisten Menschen haben sich das Zepter aus der Hand nehmen lassen: Sie sind im täglichen Leben vielfach auf das reibungslose Funktionieren anonymer Computer und komplizierter Maschinen angewiesen. Streikt zum Beispiel ein kleines Bauteil in der Elektronik einer U-Bahn, kommen zigtausend Menschen nicht mehr vom Fleck. Nur noch wenige, gut ausgebildete Spezialisten sind heute noch in der Lage, die Technik um sie herum zu begreifen – der großen Mehrheit bleibt sie verschlossen. Diese Phase der Abhängigkeit durchbricht seit kurzer Zeit – mit beachtlich wachsendem Erfolg – eine neue Generation von Fahrrad – das Mountain

Bike. Kein anderes Fortbewegungsmittel trifft die Bedürfnisse vieler Menschen so genau: Das Bike bringt Mobilität, Fitneß und Abenteuer. Man kann auf umweltfreundliche Art die Natur „erfahren" und sich dabei an einer modernen Technik erfreuen, die auch für Laien noch überschaubar und verständlich ist. Gerade die sanfte Technik des Mountain Bikes macht für die Mehrzahl der Besitzer einen Großteil der Faszination aus: Nirgendwo sonst wird die eigene Kraft so deutlich sichtbar in eine dynamische Fortbewegung umgewandelt. Hier kann man wirklich hautnah miterleben, wie sich jede Muskelbewegung der Beine über einen leise surrenden Kettenstrang zum Hinterrad fortpflanzt, wie man mit einem sanften Druck am Lenker in eine elegante Kurve schwenkt, oder wie einen das Bike unter einem kräftigen Wiegetritt förmlich den Berg hinaufkatapultiert. Nur beim Bike kann man das Spiel der Kräfte so uneingeschränkt beobachten, und nirgendwo sonst ist die Technik der Fortbewegung so leicht zu kontrollieren. Dieses Buch richtet sich an alle Biker, die – genau wie ich – der Faszination der ebenso einfachen wie genialen Mountain-Bike-Technik erlegen sind. Es ist so konzipiert, daß sich

Selbst abseits der Zivilisation kann man sein Bike mit einfachen Mitteln wieder in die Gänge kriegen.

Die soliden Komponenten des Bikes überstehen auch mal einen Sturz.

jeder wirklich engagierte Biker in kurzer Zeit orientieren und mit allen erforderlichen Grundkenntnissen ausstatten kann. Meine Erfahrung als Testredakteur bei der Zeitschrift bike und die Quintessenz aus vielen Gesprächen mit ratsuchenden Lesern haben mir dabei geholfen, die praxisrelevanten Probleme rund um die Mountain-Bike-Technik genau auf den Punkt zu bringen. Dabei habe ich besonderen Wert darauf gelegt, komplexe Zusammenhänge so deutlich zu strukturieren und so verständlich zu beschreiben, daß selbst Fahrrad-Neulinge auf Anhieb die richtigen Handgriffe verstehen und beherrschen können. Der Bike-Workshop ist in drei große Abschnitte unterteilt: Die ersten fünf Kapitel widmen sich sehr ausführlich dem weit-

gefaßten Thema Kaufberatung. Hier erfahren Sie alles über die wesentlichen Punkte, die Sie beim Kauf eines kompletten Rades oder einzelner Komponenten beachten sollten, hier finden Sie wichtige Tips für die Rahmen- und Vorbauwahl und erfahren, wie sich ein falsches Teil auf die Fahreigenschaften des Bikes auswirken kann. Für den Fall, daß Sie sich mit Murks am Bike herumärgern müssen, lernen Sie hier auch Ihre Garantieansprüche kennen. Damit sind Sie nicht länger darauf angewiesen, sich auf einen überlasteten, unter Zeit- und Erfolgsdruck stehenden Bike-Verkäufer verlassen zu müssen.
Im zweiten Abschnitt des Buches finden Sie viele Tips für notwendige Pflege-, Wartungs- und Einstellarbeiten.

Ich bin dabei von den praktischen Erfahrungen aus zwei Jahren Testalltag mit weit über hundert verschiedenen Mountain Bikes der unterschiedlichsten Qualitäts- und Preisklassen ausgegangen. Es handelt sich bei allen beschriebenen Pflege- und Wartungsarbeiten nur um wirklich erforderliche, praxisnahe und problemlos durchzuführende Arbeitsgänge. Schwierige Reparaturen kommen in der Praxis nur äußerst selten vor und sind in diesem Buch bewußt außer Betracht gelassen. Sie überfordern den Geldbeutel und die Fertigkeiten des Freizeitradlers und sollten sinnvollerweise einer guten Fachwerkstatt überlassen bleiben.
Der dritte Abschnitt des Bike-Workshop richtet sich an alle Bastel-Freaks, denen es eine große Freude bereitet, ihr Stol-

Für jeden Einsatzbereich das richtige Bike: Wer sich auskennt, findet auf Anhieb den optimalen Stollengaul.

lenvelo individuell zu verbessern und aufzuwerten. Hier lesen Sie alles über Bremsen- und Übersetzungstuning und über die vielfältigen Möglichkeiten, durch sinnvolle Komponentenwahl das Gewicht Ihres Bikes zu reduzieren. Ich bin sicher, mit diesem Buch die wichtigen Fragen aller Bike-Fans beantworten zu können.
Viel Spaß beim Lesen.
Norbert Misch-Kunert

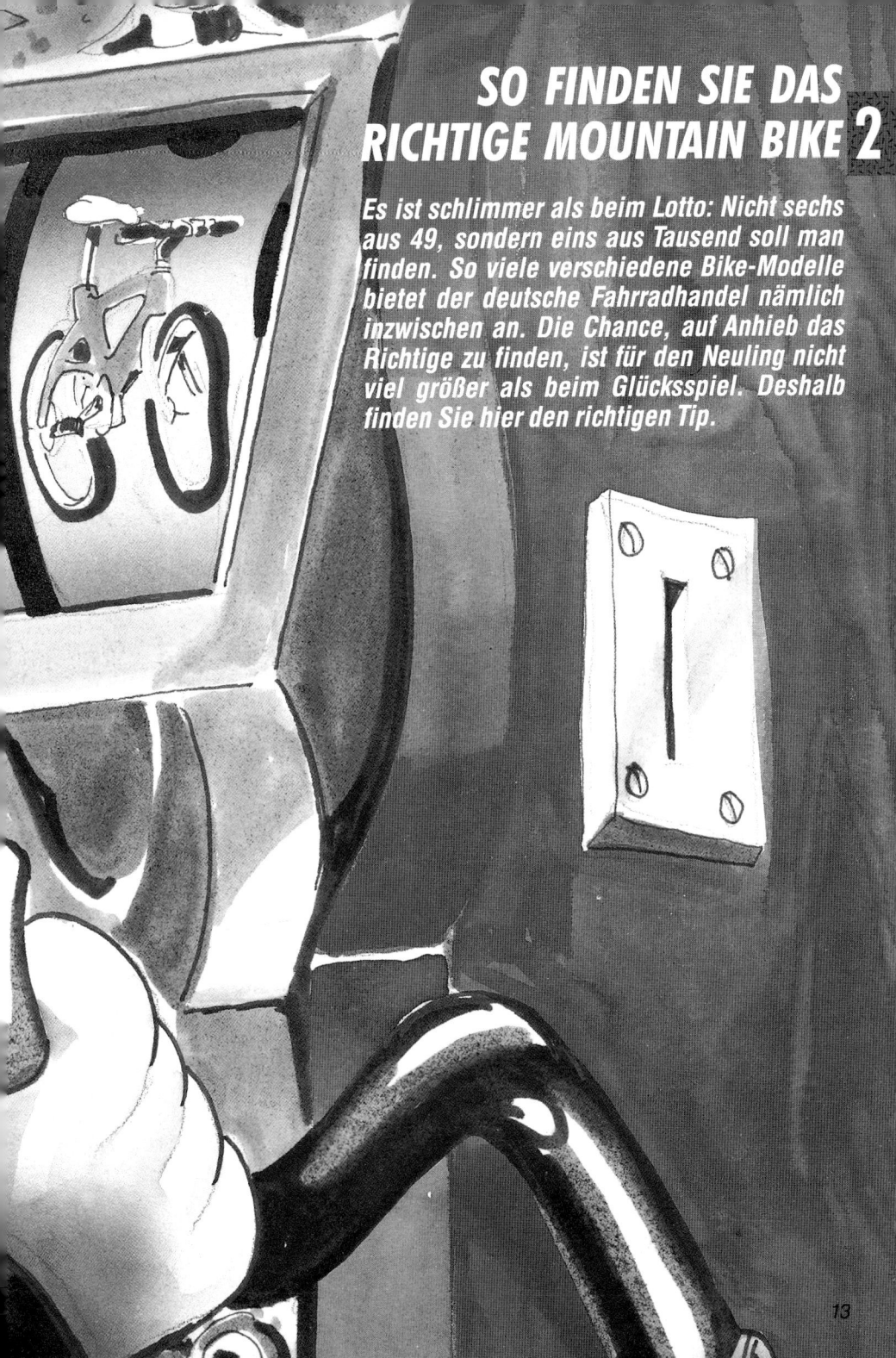

SO FINDEN SIE DAS RICHTIGE MOUNTAIN BIKE 2

Es ist schlimmer als beim Lotto: Nicht sechs aus 49, sondern eins aus Tausend soll man finden. So viele verschiedene Bike-Modelle bietet der deutsche Fahrradhandel nämlich inzwischen an. Die Chance, auf Anhieb das Richtige zu finden, ist für den Neuling nicht viel größer als beim Glücksspiel. Deshalb finden Sie hier den richtigen Tip.

Dem Bike-Novizen blieb vor Staunen der Mund offenstehen: „Power-Stays-Hinterbau, Direct-Drive-Oberrohr, Cruise-Control-Gabel und – als Krönung – semivertikale Ausfallenden." Der redegewandte Bike-Verkäufer tänzelte zwischen den glitzernden Edelteilen her und pries per Wort-

● Wollen Sie locker mit der Familie über Wald- und Wiesenwege flanieren, oder zieht es Sie magisch auf die örtliche Unimog-Teststrecke?
● Fahren Sie vornehmlich bei schönem Wetter und angenehmen Temperaturen, oder fühlen Sie sich erst im Schneesturm so richtig wohl?

Bevor Sie in den nächsten Radladen stürmen, werfen Sie doch mal einen Blick in die Anzeigen der Tageszeitung und in bike. Möglicherweise finden Sie dort noch Händler, von denen Sie bisher gar nichts wußten. Machen Sie sich eine Liste aller ansässigen Bike-Shops und starten Sie zu einer Stadtrundfahrt: Bevor Sie ein- bis zweitausend Mark über eine Ladentheke schieben, sollten Sie zumindest alle Läden in Ihrer näheren Umgebung einmal angesehen haben. Denn schon per kurzem Augenschein können Sie meist herausfinden, wie viele Marken der Händler führt, wie seine Werkstatt aussieht und wie sehr er sich um die Kunden bemüht.

schwall sein teuerstes Tretmobil an. Dabei wollte der arme Kunde doch nur was Sportlich-Solides für ein paar schöne Wochenendtouren im Mittelgebirge. Klar, der noble Stollenflitzer schien wirklich eine Wucht zu sein, aber war es wirklich das Richtige? Und der verwirrte Kunde rätselte: „Wie kann man bloß herausfinden, welches Bike das beste für den persönlichen Anspruch ist?"

WELCHES BIKE FÜR WELCHE ZIELGRUPPE?

Zuerst sollten Sie unbedingt einmal in sich gehen und sich fragen, in welchem Einsatzbereich Sie Ihr neues Bike verwenden werden:

● Biken Sie höchstens mal am Wochenende, oder kann man Sie selbst zu Weihnachten nur mit Mühe aus dem Sattel ziehen?
● Leben Sie in einer Gegend, in der man bei Flut Sandsäcke vor die Tür legen muß, oder wohnen Sie in einem Landstrich, den Reinhold Messner regelmäßig zu Trainingszwecken aufsucht?
● Fürchten Sie das Auge des Gesetzes und fahren nur mit kompletter StVZO-Ausstattung, oder pfeifen Sie drauf und nutzen Ihr Bike nur als Sportgerät?
Erst wenn Sie sich über Ihre Vorstellungen und Wünsche im klaren sind, sollten Sie den Gang in den Bike-Shop antreten.

Wenn Sie nun den Fachmann gefunden haben, der Ihnen vertrauenswürdig erscheint, nehmen Sie sich reichlich Zeit und prüfen Sie ihn auf Herz und Nieren: Sie lassen eine Menge Geld in dem Geschäft und werden sicher noch das eine oder andere Zubehör- und Ersatzteil benötigen. Sie sind ein guter Kunde. Und als solcher können Sie zwei Dinge unbedingt erwarten: eine hervorragende Beratung und einen guten Service.

WICHTIG: DIE GUTE BERATUNG VOR DEM KAUF

Woran erkennen Sie eine gute Beratung? Sicher nicht am Redeschwall des Verkäufers. Eher schon am Gegenteil: Ein guter Fachmann schweigt zunächst einmal und – hört zu. Er hört zu, was Sie von Ihrem Mountain Bike erwarten, wie und wo Sie damit fahren wollen und was Sie dafür ausgeben können. Erst dann wird er Sie durch sein Sortiment führen und Ihnen einen geeigneten Untersatz zeigen.

Auf folgende Punkte sollten Sie dabei unbedingt achten:

● Seien Sie vorsichtig, wenn Sie der Händler ohne Zögern auf den angeblichen Preisknüller des Jahres aufmerksam macht. Dahinter steckt oft ein fauler Trick: In jüngster Zeit bieten einige Hersteller Mountain Bikes mit einer hochklassigen Gruppe zu einem sensationell niedrigen Preis an. Ein Beispiel: der vermeintliche Bolide mit einer Shimano Deore XT-Ausstattung für schlappe 1400,– Mark. Die gerissenen Produzenten spekulieren dabei darauf, daß sich der interessierte Kunde – vom Bekanntheitsgrad und Renommée der teuren Teile

geblendet – spontan zum Kauf entschließt. Was der Käufer aber erst später merkt: Der niedrige Preis seines Bikes resultiert daher, daß der Hersteller alle übrigen Ausstattungsteile, die nicht zur Gruppe gehören, so billig wie möglich einkauft. Felgen, Reifen, Vorbau, Lenker und vor allem auch der Rahmen sind meist Massenware aus Billiglohnländern. Das Ergebnis: Schon nach den ersten Geländeeinsätzen gibt ein Großteil der Ramschware den Geist auf – und der gutgläubige Kunde ist der Dumme. Bleiben Sie also skeptisch: Ein V 12 gehört nicht in ein Trabi-Chassis, und eine Deore XT-Gruppe nicht an ein Billig-Bike.

● Lassen Sie sich von Ihrem Händler alles erklären, was Ihnen irgendwie unklar ist. Scheuen Sie auch nicht davor zurück, vermeintlich dumme Fragen zu stellen: Niemand kommt als Bike-Experte auf die Welt. Wichtig: Fragen Sie vor allem nach der Funktionsweise der Schaltung und der

Bremsen. Insbesondere, wenn Sie vom Tourenrad aufs Bike umsteigen, werden Sie sich erst an die enorme Verzögerung der Cantilever-Bremsen und die große Bandbreite des 21-Gang-Getriebes gewöhnen müssen. Mit einer kurzen Einführung durch den Händler können Sie aber sicher sein, daß der Fahrspaß schon bei der ersten Tour beginnt.

● Verlangen Sie Auskunft über die Geometrie des Bikes und dessen Fahreigenschaften im Gelände. Seien Sie skeptisch, wenn sich Ihr Gesprächspartner selbst erst mal einen Firmenprospekt holt, dann aber postwendend die guten Allroundeigenschaften in jedem Gelände preist. Die eierlegende Wollmilchsau gibt es auch unter den Mountain Bikes noch nicht.

● Fragen Sie nach dem Gewicht Ihres Wunschobjekts. Ein sehr guter Händler wird es Ihnen anhand einer Waage präsentieren. Sonst nehmen Sie vielleicht sogar Ihre Badezimmerwaage mit und prüfen Sie, wie schwer der komplette Stollengaul ist. Seien Sie um so anspruchsvoller, je teurer das Bike wird. Aber bleiben Sie realistisch: Ein Tausend-Mark-Bike kann beim besten Willen nicht zwölf Kilo wiegen. Über 2000 Mark dürfen Sie allerdings einen Speichenrenner deutlich unter 13 Kilo erwarten.

● Löchern Sie Ihren Verkäufer nach der Herkunft des Bikes und dem Image seines Herstellers. Bleiben Sie vorsichtig, wenn Sie den Eindruck haben, die Firma mit dem Fantasienamen könnte möglicherweise schon im nächsten Jahr

möglicherweise bald vom Offroad-Virus befallen werden und fahrtechnisch weit über Ihren gegenwärtigen Stand hinauswachsen. Wählen Sie also im Zweifel lieber die sportlichere Version.
● Kommen Sie mit der Schaltung und den Bremsen gut zurecht? Wenn nicht, lassen Sie sich vom Händler noch einmal einweisen.

NOCH WICHTIGER: DER GUTE SERVICE NACH DEM KAUF

Bevor Sie nun zur Brieftasche greifen und mit Ihrer Neuerwerbung stolz nach Hause ziehen, sollten Sie noch einen ganz wichtigen Punkt abklären: Wie steht es mit dem Service?
● Fragen Sie den Bike-Verkäufer, ob er Ihnen eine kostenlose erste Inspektion gewährt. Nach den ersten

wieder verschwunden sein. Was wird dann aus Ihren Garantieansprüchen, falls mal was kaputtgeht?
Wenn alle Ihre Fragen zu Ihrer Zufriedenheit beantwortet sind, können Sie ziemlich sicher sein, das passende Mountain Bike gefunden zu haben.
Bitten Sie nun Ihren Händler, eine Probefahrt machen zu dürfen. Er wird nichts dagegen haben, denn er weiß, daß man ein Bike nicht nur nach der Papierform bewerten kann. Vereinbaren Sie, daß Sie nicht nur einmal um den Hof fahren dürfen, sondern auch einmal um ein paar Straßenecken. Wenn Sie auf dem Bike unterwegs sind, fragen Sie sich sehr genau, ob Sie sich auf Ihrem neuen Untersatz auf Anhieb wohl fühlen:
● Gefällt Ihnen die Sitzposition, oder ist es Ihnen zu sport-

lich/gestreckt oder zu gemütlich/aufrecht? Denken Sie aber auch daran, daß Sie

So ermitteln Sie Ihre Rahmengröße

Zuerst messen Sie Ihre Schrittlänge: Bei hüftbreitem Stand ohne Schuhe nehmen Sie das Maß vom Boden bis zum Schritt. Jetzt messen Sie die Rahmenhöhe am Sitzrohr zwischen Zentrum des Tretlagers und dem Zentrum des Schnittpunktes von Sitzrohr und Oberrohr, sofern das Oberrohr waagerecht liegt. Sollte es – wie bei vielen sportlichen Mountain Bikes – nach hinten abfallen, so messen Sie am Schnittpunkt von Sitzrohr und der gedachten Waagerechten. Diese Rahmenhöhe soll nun möglichst genau Ihre Schrittlänge mal den Faktor 0,665 betragen. Für Mountain Bikes mit waagerechtem Oberrohr wählt man diese normale Rahmengröße minus drei bis acht Zentimeter, sportliche Räder eher etwas kleiner, komfortable Bikes eher etwas größer. Bei abfallendem Oberrohr können Sie die normale Rahmengröße wählen, da hier genug Schrittfreiheit vorhanden ist. Dann muß jedoch die Sattelstütze entsprechend länger sein.

**RAHMENHÖHE =
SCHRITTLÄNGE x 0,665
MINUS 3 BIS 8 CM**

Wochen mit Ihrem neuen Gefährt müssen oft die Laufräder nachzentriert und manche Lager nachgestellt werden.

● Erkundigen Sie sich nach der Werkstatt des Bike-Shops. Werden alle Reparaturen durchgeführt? Wie lange müssen Sie auf Ihr repariertes Rad warten – zwei Tage oder zwei Wochen? Gibt es für die Dauer der Wartezeit vielleicht sogar ein Ersatz-Mobil?

● Wie sieht es bei einem Garantiefall aus? Wickelt der Händler die Angelegenheit ab, oder verweist er Sie direkt an den Hersteller?

Nachdem Sie Ihren Händler nun so lange ins Kreuzverhör genommen haben, daß der arme Mensch gar nicht mehr weiß, ob da ein Kunde oder der Staatsanwalt vor ihm steht, sollten Sie zwei wichtige Regeln beachten. Sie sind ein Gebot der Fairneß:

1. Feilschen Sie Ihren Händler nicht gnadenlos um ein paar Mark herunter. Er hat sich seine Verdienstspanne durch die gute Beratung redlich verdient. Mancher Bike-Vertreiber rächt sich beim rigoros feilschenden Kunden dadurch, daß er die arbeits- und daher kostenintensive Endmontage des Stollenflitzers von seinem Lehrling machen läßt. Das ist dann zwar nicht so perfekt, dafür billiger.

2. Nachdem Ihr Bikeshop Sie zufriedengestellt hat, sollten Sie ihn auch getrost weiterempfehlen. Ihre Freunde und Bekannten werden mit Interesse aufnehmen, wo Sie zufrieden waren – und Ihr Händler freut sich über jeden neuen Kunden. Vor allem, wenn er genauso wißbegierig ist wie Sie …

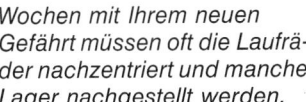

bis 1200,– Mark
CITY BIKE

2

DEFINITION

Das ist der richtige Mustang für den Asphaltcowboy: Sie biken hauptsächlich in der City, benutzen Ihr Stollenvelo für die Fahrt zur Arbeit und für den Einkaufsbummel. Dabei werden Sie auch schon mal von einem Regenschauer oder der anbrechenden Dunkelheit überrascht. Auf ein sensibles Rennpferdchen voll technischer Spielereien können nen Sie gut verzichten, nicht aber auf einen soliden Alltagsgaul mit Beleuchtung, Schutzblechen und Gepäckträger.

DAS KÖNNEN SIE ERWARTEN

● **Rahmen und Gabel: Robust und schwergewichtig**
In der City-Bike-Klasse halten Sie oft noch vergeblich nach hochwertigen CroMo-Stahl-Rahmen Ausschau. Hier dominieren die preiswerten und etwas schwereren Hi-Ten-Stahlsorten und einfache Aluminiumlegierungen. Für den Einsatz in der City sind aber auch die Low-Budget-Rahmen voll ausreichend.

● **Schaltung und Bremsen: Preiswert, aber funktionell**
Da ist für jeden Einsatzbereich etwas dabei: Ob Sie Ihren Asphaltflitzer mit einer wartungsfreien 3- oder 5-Gang-Nabenschaltung bewegen möchten oder die Übersetzungsvielfalt eines 18- oder 21-Gang-Getriebes bevorzugen, hängt wahrscheinlich stark davon ab, ob Sie kurz hinterm Deich oder am Rande eines Mittelgebirges wohnen. Auch bei den Bremsen haben Sie die Qual der Wahl: Neben den bewährten Cantilever- und U-Brakes bieten sich auch die besonders wetterfesten Trommelbremsen an. Leider müssen Sie in dieser Preisklasse noch mit optisch nicht sehr ansprechenden und technisch abgemagerten Versionen der teureren Schalt- und Bremsgruppen vorliebnehmen. Der Funktion der billigen Brüder tut das im Anfang jedoch kaum Abbruch.

● **Sonstige Ausstattung: Im Dutzend billiger**
Trotz reichhaltiger Komplettausstattung bleiben City-Bikes im Vergleich zu ihren sportlichen Brüdern erstaunlich preiswert. Um ihre Niedrigpreise halten zu können, setzen viele Hersteller bei den Komponenten den Rotstift an, die nicht sofort ins Auge fallen: Felgen, Reifen, Sättel, Vorbauten und einiges mehr kommen oft von Billig-Zulieferern und kosten den Bike-Produzenten nur wenige Mark. Für den Käufer gibt's dann häufig Verdruß, weil die minderwertigen Teile schnell den Geist aufgeben.

DARAUF SOLLTEN SIE BESONDERS ACHTEN

● Ist das Bike ordnungsgemäß nach der StVZO ausgerüstet, oder müssen Sie erst noch Reflektoren oder eine Klingel hinzukaufen?

● Hat der City-Brummer einen leuchtstarken Halogen-Scheinwerfer oder eine trübe Mini-Funzel?

● Sind die Schutzbleche lang genug, oder droht bei der ersten Regenfahrt eine kalte Dusche?

● Macht der Gepäckträger einen soliden Eindruck, oder scheint er sich bereits unter der Last einer Aktentasche zu verbiegen?

● Wie sieht es mit weiterem nützlichem Zubehör aus? (Ständer, Pumpe, Werkzeug, Schloß, Kettenschutz, Hosenschutzring...)

ALLROUND BIKE

FU|

DEFINITION

DEF

Das ist das Spielmobil für den Bike-Novizen: Sie steigen gerade in den Sport ein und möchten erst einmal ein wenig Offroad-Luft schnuppern. Allzu häufig sitzen Sie noch nicht im Sattel, und Ihren Spaß haben Sie dabei vornehmlich in leichtem Gelände. Dazu wünschen Sie sich einen Stollenflitzer mit sportlichem Fahrverhalten und moderner Technik, scheuen aber die hohen Kosten für Top-Komponenten.

Das ist der Feuerstuhl für Fortgeschrittene: Sie biken schon seit einiger Zeit und fühlen sich im Sattel bereits sehr sicher und routiniert. Nach Möglichkeit reiten Sie Ihren Stollengaul mehrmals in der Woche aus, und

DAS KÖNNEN SIE ERWARTEN

DAS KÖNNE

● **Rahmen und Gabel: Solide Mittelklasse**
Bei den Allround-Bikes finden Sie bereits Rahmen vor, die komplett aus Chrom-Molybdän-Stahl gefertigt sind. Meist handelt es sich dabei um preiswerte Rohrsätze der großen Stahlkocher Tange, Columbus oder Reynolds. Die hohe Festigkeit des vergüteten Stahls gibt Ihnen die Gewißheit, daß Ihr Bike-Rahmen jeden Geländeritt mitmacht.

● **Schaltung und Bremsen: Neueste Technik in preisgünstiger Verpackung**
Auch für wenig Geld bekommen Sie hier schon die fortschrittliche Technik und den großen Komfort der teuren High-Tech-Gruppen von Suntour und Shimano: 21 Gänge sind mittlerweile Standard, und für den reibungslosen Wechsel der Übersetzung sorgen die ausgeklügelten Hyperglide bzw. Accushift-Plus-Zahnkränze. Damit das Schalten vollends zum Kinderspiel wird, bieten die beiden japanischen Komponentenschmieden ihre brandneue Schalthebeltechnik STI

beziehungsweise X-Press auch in mehreren Low-Budget-Versionen an. Auch bei den Bremsen sieht das Angebot erfreulich aus: Die preiswerten Bike-Verzögerer sind in der Wirkung meist fast genauso frappierend wie ihre teureren Pendants.

● **Sonstige Ausstattung: Kompromisse zugunsten des Kaufpreises**
Allround Bikes bieten mit ihrer starken Optik, der guten Geländetauglichkeit und der soliden Bauart bereits ein sehr ordentliches Preis-Leistungs-Verhältnis. Dennoch greifen viele Hersteller auch hier noch gerne ins Billigteil-Regal. Felgen und Reifen beispielsweise sind meist günstige Fernost-Importe, die zwar schon die Optik teurer Teile haben, aber oft ein bißchen schwerer, nicht ganz so gut verarbeitet und etwas weniger belastbar sind. Besonders ärgerlich: Einige Bike-Hersteller versuchen, ausgerechnet mit billigen, rutschigen Plastikpedalen ein paar Mark einzusparen.

● **Rahmen und Gabel: Gutes Material und gediegene Verarbeitung**
In der Fun-Bike-Klasse treffen Sie durchweg auf hochwertige CroMo-Stahl-Rahmen renommierter Hersteller. Verarbeitung und Lackierung genügen hier in der Regel schon sehr hohen Ansprüchen. Vereinzelt finden Sie bereits aufwendig konstruierte Rahmen aus 6061er- oder 7000er-Aluminium.

● **Schaltung und Bremsen: Aufstieg in die Oberklasse**
Hier bekommen Sie für Ihr Geld ein Maximum an Leistung: Die Technik des Spitzen-Komponenten – 21 Gänge, Hyperglide-Zahnkränze und das neue STI-Schalthebel-System – und die starke Optik der hochwertigen, polierten Aluminium-Teile. Zum tollen Erscheinungsbild gesellen sich innere Werte: präzise gefertigte Lager für leichten Lauf und

DARAUF SOLLTEN SIE BESONDERS ACHTEN

DARAUF SOLLTEN S

● **Hat Ihr Wunschbike Schnellspann-Naben, oder müssen Sie zum Radausbau erst umständlich zum Schraubenschlüssel greifen?**
● **Ist das Bike mit einer kompletten Komponentengruppe ausgestattet,** oder finden Sie billige „Ersatz"-Teile vor? (Plastik-Pedale, Steuersatz ohne Dichtung)
● **Ist nützliches Zubehör vorhanden?** (Kettenstrebenschutz, Pedalhaken, Flaschenhalter/Flasche, Pumpe)

● **Ist Ihr Bike mit einer kompletten Komponentengruppe ausgestattet?** (Insbesondere: Pedale, Steuersatz, Innenlager)

ION

DEFINITION

dabei auch nicht vor harten und technisch schwierigen Geländepassagen zurück. Sie brauchen ein reinrassiges Sportgerät, das einen guten Gegenwert fürs Geld bringt.

Das ist der Rennbolide für echte Freaks: Sie haben schon seit längerer Zeit ein Bike unter dem Hintern und fühlen sich mit allen Geheimnissen der Fahrtechnik vertraut. In den Sattel schwingen Sie sich am liebsten jeden Tag, und auf Ihren Touren ist Ihnen kein

Geländeabschnitt schwierig genug. Wo Wanderer sich anseilen, schalten Sie nur lächelnd einen Gang zurück. Sie wollen ein kompromißloses Sportgerät, das auch Ihre härtesten Touren locker wegsteckt. Dafür sind Sie auch bereit, einen hohen Preis zu zahlen.

E ERWARTEN

DAS KÖNNEN SIE ERWARTEN

lange Lebensdauer, und allerorten aufwendige Dichtungen zum Schutz vor Wasser und Schmutz. Die Bremsen in der Fun-Bike-Klasse zeichnen sich darüber hinaus durch verblüffende Leichtgängigkeit, gute Dosierbarkeit und enorme Wirkung aus.

● **Sonstige Ausstattung: Überwiegend gute Qualität**

Felgen und Reifen erfüllen bei den meisten Fun Bikes selbst höchste Ansprüche: Gute Verarbeitung, geringes Gewicht und erprobtes Design machen die Beine des Geländegauls wettbewerbsfähig. Manche Hersteller können es aber immer noch nicht lassen, an weniger beachteten Stellen durch Billigkomponenten Kosten einzusparen: Oft sind es die Pedale, der Steuersatz, der Vorbau oder der Sattel. Leider sucht man auch Pedalhaken viel zu oft noch vergebens.

● **Rahmen und Gabel: Alles vom Feinsten**

Der Fantasie sind keine Grenzen gesetzt: Wer sich ein Race Bike zulegen will, hat freie Auswahl unter den stärksten und edelsten Rahmenmaterialien. Für Traditionalisten gibt es extrem dünnwandigen CroMo-Stahl, für Freunde einer wuchtigen Optik fein verarbeitete, großvolumige Alu-Rohre. High-Tech-Anhänger freuen sich an den erstaunlichen Eigenschaften der Kohlefaser, und Leichtbau-Freaks an dem sensationellen Gewicht des Titans. Hinzu sollten eigentlich bei allen Rahmen eine makellose Verarbeitung und eine hervorragende Lackierung kommen.

● **Schaltung und Bremsen: Lange Lebensdauer und erstklassige Funktion**

Hier bleiben keine Wünsche offen: Selbst im extrem harten Wettbewerbseinsatz funktio-

nieren die Top-Komponenten der Race Bikes seidenweich und präzise wie ein Uhrwerk. Dank sorgfältiger Verarbeitung der hochwertigen Alu-Teile schalten und bremsen die teuren Rennboliden auch nach Jahren noch fast wie am ersten Tag. Neben den High-Tech-Produkten aus fernöstlicher Komponentenküche kommen in der Race-Bike-Klasse immer häufiger auch Spitzen-Teile aus den USA zum Einsatz – mit pfiffiger Technik und individuellem Design.

● **Sonstige Ausstattung: Top-Qualität auch im Detail**

Da lacht das Biker-Herz: Selbst scheinbar unwichtige Komponenten sind mit Überlegung ausgewählt und überzeugen durch hohe Qualität. Alle Teile glänzen mit bester Verarbeitung, schnörkelloser Funktionalität und – sehr niedrigem Gewicht.

ESONDERS ACHTEN

DARAUF SOLLTEN SIE BESONDERS ACHTEN

● **Wie sieht es mit nützlichem Zubehör aus? (Kettenstrebenschutz, Pedalhaken, Flaschenhalter/Flasche, Pumpe)**

● **Ist die Ausstattung komplett und den harten Anforderungen eines Wettkampfs gewachsen?**

(Pedalhaken guter Qualität, zwei Flaschenhalter/Flaschen, stabiler Kettenstrebenschutz)

SO ERKENNEN SIE QUALITÄT

Selbst Sherlock Holmes hätte seine Schwierigkeiten: Im Dschungel der Bike-Modelle ist es fast unmöglich, auf Anhieb Gut und Böse, Ramsch und Qualität auseinanderzuhalten. Der Teufel liegt meist im Detail der Komponenten, und man muß echte Detektivarbeit leisten, um beim Kauf nicht unter die Räuber zu fallen. Hier steht präzise, welche Teile Sie unter die Lupe nehmen sollten.

3

23

Die schnelle Mark winkt: Um im ungezügelten Bike-Boom noch mal so richtig abzusahnen, versuchen ein paar Schlawiner unter den Herstellern immer wieder, dem arglosen Kunden No-Name-Material, eine schlampige Verarbeitung oder abenteuerliche Komponenten-Mischungen unterzujubeln. Damit Sie beim Kauf nicht auf die Nase fallen, sind hier alle wichtigen Kriterien aufgeführt, nach denen Sie die Güte Ihres neuen Stollengauls beurteilen können. Gehen Sie Ihr Wunschbike im Shop ruhig nach dieser Checkliste durch.

Der Rahmen ist das Rückgrat Ihres Bikes – hier sollten Sie es genau nehmen: Lassen Sie sich vom Händler genau erklären, aus welchem Material Rahmen und Gabel bestehen. Die überwiegende Mehrzahl aller Bikes besitzt einen Stahlrahmen. Für die hohen Belastungen, denen jedes Mountain Bike im Offroad-Betrieb ausgesetzt ist, kommt auf Dauer nur ein besonders zugfester, hochlegierter Werkstoff in Frage: Chrom-Molybdän-Stahl.

RAHMEN UND GABEL: NUR QUALITÄT BRINGT SICHERHEIT

Da die Herstellung hochbelastbarer Rahmenrohre sehr aufwendig und kompliziert ist, haben sich bis heute nur eine kleine Anzahl renommierter Stahlkocher auf diesem Gebiet spezialisiert: Es sind die Firmen Tange, Columbus, Reynolds, Mannesmann, Miyata (Hardlite), Ishiwata, True Temper und Vitus. Alle Rahmen, die aus den Rohren

dieser Hersteller gefertigt sind, tragen – sozusagen als Gütesiegel – den jeweiligen Firmenaufkleber mit der genauen Bezeichnung des Rohrsatzes. Beispiel: Tange Prestige.

Prüfen Sie genau nach:
● Klebt am Sitzrohr Ihres Bikes der Aufkleber eines renommierten Rohrfabrikanten?
● Sind alle Rohre des Rahmens aus dem hochwertigen Material? Oder spart der Hersteller ein paar Mark ein, indem er nur für die Hauptrohre ChroMo-Stahl verwendet und für den Hinterbau gewöhnlichen Hi-Ten-Stahl minderer Güte einsetzt?
● Besteht auch die Gabel aus ChroMo-Stahl? Hier sollten Sie besonders hartnäckig nachfragen: Eine einfache Stahlgabel ist den Anforderun-

gen im Gelände nur kurze Zeit gewachsen – und ein Bruch dieses sicherheitsrelevanten Teils hat in jedem Fall einen gefährlichen Sturz zur Folge. In den letzten Jahren kommt für Offroad Bikes immer häufiger Aluminium zum Zuge. Bei Alu-Rahmen sollten Sie unbedingt die Augen offenhalten: Das Leichtmetall-Gerüst ist nur dann ebenso belastbar wie Stahl, wenn es sehr sorgfältig gefertigt ist, aus einer hochwertigen – und damit teuren – Legierung besteht und im Rohrdurchmesser deutlich größer dimensioniert ist. Wichtig:
● Wenn Sie häufig ins Gelände fahren, kaufen Sie unter keinen Umständen ein billiges Alu-Bike. Oft geben diese Rahmen schon nach relativ kurzer Zeit den Geist auf.

● Hochwertige Alu-Rahmen bestehen in den meisten Fällen aus zwei starken Legierungen: entweder aus 6061er Alu (wie zum Beispiel Cannondale und Klein) oder aus 7000er Leichtmetall

Prüfen Sie mit kritischem Blick die sorgfältige Verarbeitung des Rahmens.

(zum Beispiel Trek). In beiden Fällen handelt es sich um einen Werkstoff, dessen Belastbarkeit im Flugzeugbau erprobt ist.

● Ein stabiles Alu-Bike muß

Unterbrechungen ausgeführt. Man nennt diese wellenförmigen Schweißraupen „Schuppung". Wer sich nicht sicher ist, ob die Schuppung an seinem Bike hohen Ansprüchen

Farbe versehen. Der Lackauftrag ist dort natürlich sehr gleichmäßig und haltbar. An einigen Stellen ist die Arbeit des Farb-Roboters jedoch nicht ganz so perfekt: Hinter dem Tretlager zum Beispiel lassen die meisten Hersteller noch von Hand nachbessern, weil die automatischen Spritzdüsen nicht bis in die hintersten Winkel des Rohr-Rahmens vordringen können. Hier haben Sie eine gute Gelegenheit, die Arbeit des Lackierers zu überprüfen: Schauen Sie, ob der Lack Ihres Bikes auch an unzugänglichen Stellen gleichmäßig und glatt aufgetragen ist. Ein schlechtes Zeichen sind Lacktränen, rauhe Stellen und Staubeinschlüsse. Ein wichtiges Kriterium für die Beurteilung eines Bike-Rahmens sind seine Anlötteile. Prüfen Sie, ob Anlötösen für

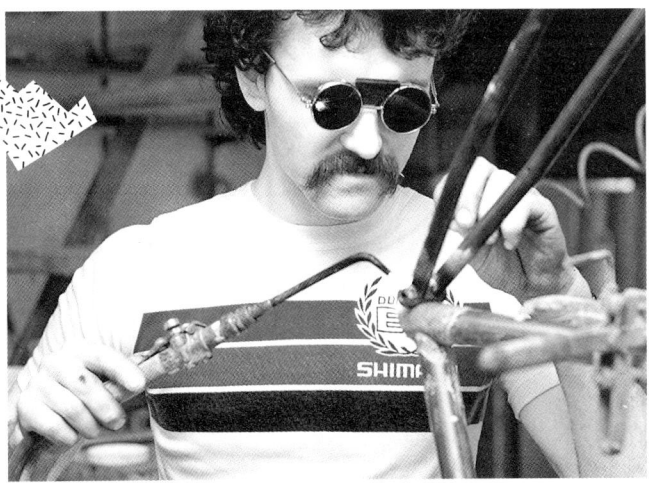

In einem gutem Rahmen steckt eine Menge kostenintensiver Handarbeit.

auf jeden Fall deutlich teurer sein als ein einfaches ChroMo-Bike: Unter 1500 Mark geht gar nichts, renommierte Hersteller verlangen sogar über 3000 Mark.
So beurteilen Sie die Verarbeitungsqualität Ihres Wunsch-Mobils:
Fast alle Mountain-Bike-Rahmen werden geschweißt – im Gegensatz zu Rennrad-Rahmen, die überwiegend noch in Muffen verlötet werden. Bei guter Ausführung sind beide Verbindungstechniken gleichwertig, allerdings hat das Schweißen zumindest in einem Punkt gegenüber der traditionellen Muffenbauweise die Nase vorn: Man sieht, wie es gemacht wurde.
Eine saubere Schweißnaht ist rund um die Verbindungsstelle sehr gleichmäßig und ohne

genügt, kann einen kleinen Kniff anwenden: Schauen Sie bei einem sehr teuren Race-Bike nach, wie es dort gemacht wurde.
Etwas schwieriger wird es, die Lackierung eines Bikes zu beurteilen: Serienräder werden in aller Regel in automatischen Lackierstraßen mit

Gepäckträger und Schutzbleche vorhanden und mit einem Gewinde versehen sind. Selbst wenn Sie Ihr Bike jetzt nicht mit solchem Zubehör versehen wollen: Eines Tages fahren Sie vielleicht damit in Urlaub, und was machen Sie, wenn Sie nicht einmal einen Gepäckträger montieren können?

25

Strenggenommen gehören auch die Ausfallenden zu den Anlötteilen. Gute Ausfaller sind geschmiedet und weisen senkrecht nach unten. Im Zweifel werfen Sie wieder

Das sind die neuralgischen Punkte:
Überprüfen Sie, ob die Ausstattung Ihres Traumbikes auch wirklich vollständig ist. Viele Produzenten halten zum

ans Bike montiert hat, oder ob nur Schaltung und Bremsen diesen werbewirksamen Namen tragen. Billigen Ersatz finden viele Hersteller dann an weniger auffälligen Stellen. Beispiele: Einfache, ungedichtete Steuersätze, deren Kugellauf dem Schlammbewurf ausgesetzt sind. Minderwertige, ebenfalls ungedichtete und obendrein schwergängige Naben und Innenlager und als Krönung hakelig laufende, rutschige Plastikpedale mit der Lebenserwartung einer Eintagsfliege. Da die mangelnde Qualität dieser Bauteile oft nicht auf den ersten Blick zu erkennen ist, hilft hier nur hartnäckiges Nachfragen beim Händler und ein vergleichender Blick auf gleichteure Bikes.

Achten Sie auch aufs Detail: Sinnvolles Zubehör wertet Ihren Stollengaul auf.

Weitere Knackpunkte: billige Felgen und Reifen. Bei Felgen untersuchen Sie kurz, ob der Felgenstoß – die Verbindungsstelle – gleichmäßig und ohne scharfen Übergang gearbeitet ist, bei den Reifen achten Sie darauf, ob es sich um ein bewährtes Markenfabrikat handelt. Glauben Sie dem Händler nicht, daß der betreffende Reifen für jeden Untergrund gleich gut geeignet ist. Wichtige Bauteile sind auch der Sattel und die Sattelstütze: Das Sitzpolster sollte auf keinen Fall zu breit sein, da Sie sonst an steilen Abfahrten nur schwer mit dem Hinterteil zurückrutschen können. Die Sattelstütze sollte nach Möglichkeit 300 mm lang sein – auch hier liegt in der Kürze nicht die Würze. Zu guter Letzt achten Sie noch auf einen ausreichend langen Vorbau und einen angemessen breiten Lenker.

einen Blick auf ein teureres Bike. Begutachten Sie auch die Anlötteile für die Kabelführung. Sie sollten zu Ihrer Arbeitserleichterung unbedingt geschlitzt sein. Austausch und Wartung der Seilzüge wird so zum Kinderspiel.

ZUBEHÖR UND KOMPONENTEN: GUTES MATERIAL HÄLT LÄNGER

Jetzt sollten Sie sich die Zeit nehmen, einmal genau alle Komponenten und Zubehörteile durchzusehen. Hier setzen manche Hersteller an versteckter Stelle den Rotstift an. Der Dumme ist auf jeden Fall der Neuling, der sich noch nicht so gut mit Bike-Komponenten auskennt.

Beispiel Flasche und Flaschenhalter für einen Luxusartikel, obwohl sie ihn nur wenige Groschen kosten würden. Haken und Riemen sollten an einem sportlichen Bike selbstverständlich sein, und es ist beinahe eine Unverschämtheit, ein Bike ohne wirksamen Kettenstrebenschutz auszuliefern. Manche Bike-Vertreiber halten ihre Kunden sogar für zu dumm, mit einem Schnellspanner an den Laufrädern umzugehen. Ihr Rezept: Umständliche Muttern an einer Vollachse, die obendrein noch weniger stabil ist als eine Schnellspannachse.
Schauen Sie auch nach, ob Ihnen der Hersteller eine komplette Komponentengruppe

CHECKLISTE FÜR DEN BIKE-KAUF

Hier sehen Sie, nach welchen Kriterien Sie die Verarbeitung, Ausstattung und Komponentenwahl aller Testräder beurteilen können. Mit dieser Check-Liste können Sie auch im Bike-Shop die Qualität Ihres Wunsch-Bikes bewerten.

Bewertungskriterien für die Zusammenstellung der Komponenten

1. Die komplette Gruppe erhält 60 % und damit ein +
2. Abweichungen von der kompletten Gruppe und die übrige Ausstattung ergeben entsprechend dem Preis und dem Einsatzzweck des Bikes eine Bewertung

Bewertungskriterien für die Verarbeitung des Rahmens in den Bike-Gruppen

	City	Allround	Fun	Race
Schweißnähte	30 %	30 %	30 %	30 %
Lackierung	35 %	35 %	35 %	35 %
Anlötteile	30 %	25 %	20 %	5 %
Kabelführung	5 %	10 %	15 %	30 %
Gesamt	100 %	100 %	100 %	100 %

← nach unten		nach oben →
− 5 %	Naben	+ 5 %
− 5 %	Pedale	+ 5 %
− 2,5 %	Steuersatz	+ 2,5 %
− 5 %	Innenlager	+ 5 %
− 5 %	Felgen	+ 5 %
−10 %	Reifen	+10 %
− 5 %	Sattel	+ 5 %
− 2,5 %	Sattelstütze	+ 2,5 %
−40 %	Gesamt	+40 %

Bewertungskriterien für die Ausstattung in den vier Bike-Gruppen

CITY		ALLROUND	FUN	RACE
50 %	Licht Klingel Schutzbleche Reflektoren	30 % Schnellspanner 20 % Kettenschutz 20 % Clips 10 % Flasche 10 % Pumpe 10 % Klingel	30 % Schnellspanner 20 % Kettenschutz 20 % Clips 20 % Flasche 10 % Pumpe	30 % Schnellspanner 30 % Clips 20 % Flasche 20 % Kettenschutz
10 % Gepäckträger				
10 % Ständer				
5 % Pumpe				
5 % Werkzeug				
5 % Schloß				
5 % Flasche				
5 % Kettenschutz				
5 % Schnellspanner				

```
0    --    20    -    40   O   60   +   80   ++   100%
|          |         |        |        |         |
```

4.

DEORE-XT.STI

DEORE-XT.ST

DEORE-X

SO FINDEN SIE
DIE RICHTIGE RAHMENHÖHE

Alles paletti — der Shop hat Ihr Traum-Bike. Bleibt bloß noch eine Frage: Wie groß soll der Rahmen sein — 48, 51 oder 53 Zentimeter? Der kleine Unterschied in der Rahmenhöhe kann nämlich einen großen Unterschied im Fahrverhalten ausmachen. Lesen Sie hier, wie Sie die richtige Rahmenhöhe bestimmen.

Eine Frage ist unangefochten die Nummer eins unter den Offroad-Einsteigern: Ich möchte mir ein Bike kaufen. Wie groß muß der Rahmen sein? Nichts scheint den angehenden Bike-Fans größere Probleme zu bereiten, als das richtige Maß für das Vergnügen auf zwei Stollenreifen zu finden. Skifahrer kennen diese Schwierigkeit zur Genüge: Ein paar Zentimeter zu viel oder zu wenig, und aus ist's mit dem Fahrspaß. Ähnliches gilt auch fürs Bike: Mit der Rahmenhöhe ändert sich nicht nur die Sitzposition auf dem Geländestuhl, sondern auch das Fahrverhalten.

Können diese drei Zentimeter – das ist der übliche Sprung zwischen zwei verschiedenen Rahmengrößen – wirklich so viel ausmachen? Klare Antwort: Ja. Wer in seinem Bike-Shop einmal drei gleiche, aber unterschiedlich hohe Stollenflitzer ausprobieren kann, wird mit Sicherheit verblüfft sein: Das Fahrgefühl ist dreimal anders. Das gleiche Bike-Modell gebärdet sich in der einen Ausführung wie ein Vollblut-Araber und in der anderen wie ein bayerischer Brauereigaul.

Wie kann man nun die optimale Rahmenhöhe für seine Ansprüche herausfinden? Eine gängige Berechnung stand bereits auf Seite 16: Messen Sie Ihre Beinlänge an der Innenseite und multiplizieren Sie diese Zahl mit 0,665. Davon ziehen Sie je nach sportlichem Anspruch drei bis acht Zentimeter wieder ab, fertig. In der Praxis können Sie es sich aber noch einfacher machen: Stellen Sie sich zwischen Lenker und Sattel mit beiden Beinen über Ihr Wunschbike. Nun sollte zwischen Ihrem Schritt und dem Oberrohr des Bikes noch etwa eine Handbreit Platz sein. Wer sich zwischen zwei Rahmengrößen nicht so recht entscheiden kann, sollte auf jeden Fall seinen zukünftigen Geländerenner ausprobieren. Sie kaufen auch kein Auto ohne Probefahrt, also verlangen Sie von Ihrem Bike-Händler auf jeden Fall, daß er Sie ein paar Runden drehen läßt. Erst wenn Sie einmal richtig in die Pedale treten, bekommen Sie ein Gefühl dafür, ob die Fahrposition stimmt und ob Sie sich auf dem Gaul auch wirklich wohl fühlen. Wer zu weit vornüber hängt oder mit den Knien an die Ellenbogen stößt, merkt sogar als Laie, daß dieses Teil offenbar nicht für ihn geschaffen ist. Neben den praktischen Fahreindrücken sollten noch folgende Überlegungen Ihre endgültige Kaufentscheidung beeinflussen: Der Unterschied zwischen einem größeren und einem kleineren Rahmen äußert sich deutlich spürbar im Fahrverhalten. Proportional zur Sitzrohrlänge – dem Maß für die Rahmengröße – verändern sich auch andere Rahmendimensionen. Bei einem größeren Rahmen hat das dann folgende Auswirkungen:

1. Das längere Sitzrohr läßt den Schwerpunkt des Bikes etwas nach oben wandern. Dadurch reagiert das Hoch-Rad in Kurven träger und muß etwas energischer in die Schräglage gedrückt werden.
2. Das Oberrohr wächst proportional zum Sitzrohr mit. Sie haben bei gleicher Vorbaulänge eine gestrecktere Sitzhaltung.
3. Der Radstand verlängert sich. Dadurch verbessert sich der Geradeauslauf, was besonders Anfängern auf schnellen Downhill-Kursen etwas mehr Sicherheit verleiht. Ein längerer Radstand verringert aber auch die Wendigkeit des Bikes. Mit einem Lang-Läufer kommen Sie nicht so flink durch enge Kehren wie mit einem kurzen Sportflitzer.
4. Das längere Steuerrohr läßt den Lenker nach oben wandern. Sie sitzen insgesamt höher und müssen Einschränkungen in der Handlichkeit in Kauf nehmen: Auf schwierigen Trialpassagen können Sie nicht so schnell reagieren wie auf einem kleinen Bike.
Bei einem kleineren Rahmen sind die Auswirkungen genau umgekehrt: Ein niedriger und proportional kürzerer Rahmen bringt einen tiefliegenden Schwerpunkt und einen kurzen Radstand für Wendigkeit und agiles Kurvenverhalten. Das kurze Steuerrohr bringt mehr Druck aufs Vorderrad

und ein direktes Lenkverhalten. Die Sitzposition ist dank des kürzeren Oberrohrs bei gleicher Vorbaulänge etwas aufrechter.
Wer nun glaubt, als engagierter Offroad-Freak am besten mit einem sehr kleinen Untersatz bestuhlt zu sein, muß jedoch vorsichtig sein. Neben dem Fahrverhalten gibt es auch noch andere Kriterien, die Ihre Rahmenwahl beeinflussen sollten:

1. Der Mensch ist keine Maschine, die man unter Dampf setzt und der man dann mit Pleueln und Kurbelwellen Kraft abzapft. Die menschliche Muskulatur entwickelt nur in ganz bestimmten Positionen optimale Power. Den größten Druck kann das Bein nur bei einem Kniewinkel von 110 Grad aufs Pedal bringen. Bei waagerechter Kurbelstellung sollten Knie und Pedalachse genau senkrecht übereinander stehen. Alle anderen Positionen bieten eine schlechtere Kraftausbeute und können auf Dauer die Kniegelenke schädigen. Bei einem zu kleinen Bike-Rahmen wird Ihnen genau das passieren: Sie finden trotz ausreichend langer Sattelstütze und selbst unter Ausnützung des gesamten Sattel-Ver-

stellbereichs keine optimale Trittposition.
2. Ein zu großer Rahmen bietet Ihnen unter Umständen zwar die richtige Trittposition, gefährlich wird es dann aber, wenn Sie mit dem Treten unverhofft aufhören müssen: Beim ersten unfreiwilligen Abstieg nach vorn wird Ihnen die Bedeutung fehlender Schrittfreiheit schlagartig und schmerzhaft bewußt werden. Jeder Zentimeter mehr zwischen Rohr und Reiter bedeutet mehr Sicherheit vor Prellungen und Quetschungen unverzichtbarer Edelteile.
Wer sich in diesem Punkte besondere Sorgen macht, sollte auf ein Bike-Modell mit abfallendem Oberrohr zurückgreifen. Ein Geländegaul mit „sloping top tube" bringt maximale Beinfreiheit und einen extrem steifen Rahmen aufgrund des deutlich kleineren Hauptdreiecks. Aber auch unter den herkömmlichen Bike-Modellen sollte für jeden die passende Rahmengröße zu finden sein: Mit etwas Ausdauer kann man auf dem deutschen Markt Rahmen von 34 bis 64 Zentimetern Größe finden. Damit können selbst Zwerg Nase und Riese Goliath zu ihrem Offroad-Vergnügen finden.

So ändern sich die Fahreigenschaften, wenn das Bike größer oder kleiner als Ihr Normalmaß ist.

	KLEINER	GRÖSSER
Vorteil	● wendig ● leicht zu manövrieren ● eher geeignet für sportliche Fahrer	● guter Geradeauslauf ● etwas bessere Dämpfung ● eher geeignet für komfortbewußte Fahrer
Nachteil	● nervöses Lenkverhalten ● etwas schlechtere Dämpfung ● etwas geringere Steigfähigkeit	● etwas träger bei Gewichtsverlagerung ● in engen Kurven unhandlicher

5.

SO FINDEN SIE DIE
OPTIMALE VORBAULÄNGE 5

Lang und flach oder kurz und steil? Kein Teil entscheidet so stark über die Fahrposition und damit
auch über den Spaß am Biken wie der Vorbau. Hier
finden Sie alle Tips über die richtige Längenwahl.

Eigentlich hätte er wie ein Rennpferd angaloppieren müssen: Der Gaul besaß steile Winkel, kurze Kettenstreben und ein langes Oberrohr. In Wahrheit benahm er sich aber wie ein störrisches Maultier. Kaum stieg der Trail ein wenig an, bäumte er sich auf wie ein Mustang beim Rodeo. Auf jedem Downhill-Ritt sprang er wie ein wilder Esel, in der Kurve schob er über die Vorderhufe, and am Steilhang drohte er, seinen Reiter kopfüber in den Canyon zu werfen. Wer da noch im Sattel bleiben wollte, der mußte schon ein guter Cowboy sein. Konnte es sein, daß man den Klepper erst zureiten mußte, oder lahmte vielleicht sogar die Geometrie? Beides nicht. Der wahre Grund: Er war falsch aufgezäumt – er besaß den falschen Vorbau.

Solche Eindrücke können Sie von einem Besuch im Bike-Shop auch mit nach Hause nehmen: Obwohl einige Bikes von der Geometrie her offensichtlich identisch sind, vermitteln sie doch ein völlig unterschiedliches Fahrgefühl. Auch ohne großes Rätselraten werden Sie dabei erkennen, daß für abweichende Fahreigenschaften bei Rädern mit gleicher Geometrie nur die unterschiedlichen Vorbauten als Ursache in Frage kommen. Kein Wunder: Bei manchen Bikes differiert die Vorbaulänge um bis zu zehn Zentimeter. Obendrein sind sie dabei meist auch noch unterschiedlich hoch.

Die Auswirkungen des Vorbaumaßes auf die Fahreigenschaften eines Bikes untersuchen seit längerer Zeit schon die Tüftler und Designer der kalifornischen Edelschmiede Wilderness Trail Bikes – WTB. Charles Cunningham, Bike-Pionier und Kopf der Custom-Küche WTB, entwickelte dabei für seine Ursachenforscher das passende Prüf-Instrument – den „Fitfinder". Hierbei handelt es sich um einen stufenlos verstellbaren Alu-Vorbau, mit dessen Hilfe man im Handumdrehen jede praktikable Höhen- und Längenposition simulieren kann. Dieses Teil ist besonders für Händler interessant: Der Bike-Dealer kann jeden Kunden verschiedene Vorbaulängen und -höhen ausprobieren lassen und dann genau den Vorbau ans Bike

Mit dem richtigen Vorbau verbessern Sie die Fahreigenschaften Ihres Bikes.

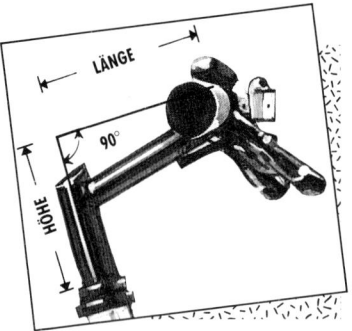

montieren, der dem Käufer von der Fahrposition her am besten gefallen hat.

Einen idealen, für jedes Bike und jeden Fahrer passenden Vorbau kann es dabei natürlich nicht geben. Zu unterschiedlich sind dafür die Ansprüche und Gewohnheiten des Bikers. Der eine bevorzugt Wochenendtouren mit der Familie und fährt aus-schließlich über befestigte Wege, ein anderer sieht im Bike zunächst das Sportgerät und trimmt sich täglich im harten Gelände. Mindestens ebenso vielfältig sind auch die Bike-Geometrien: Die Spanne reicht vom gemütlichen Tourengaul bis zum nervösen Rennpferd. Dennoch gibt es deutliche Hinweise für die Wahl des richtigen Vorbaus.

Grundsätzlich gilt:
Der Vorbau hat Auswirkungen auf vier wichtige Eigenschaften des Bikes:
1. Er bestimmt die Fahrposition.
2. Er beeinflußt das Lenkverhalten.
3. Er verbessert oder verschlechtert die Steigfähigkeit des Gelände-Flitzers.
4. Er wirkt auf die Sicherheit beim Bergabfahren.

Dabei kann sich die Länge und Höhe des Vorbaus in jedem der vier Punkte unterschiedlich auswirken: Ein kurzer, flacher Vorbau trägt zu einer entspannten Sitzposition und zu einem leichtgängigen Lenkverhalten bei, verschlechtert aber sehr deutlich die Steigfähigkeit und die Sicherheit beim Bergabfahren.

Umgekehrt führt ein langer Vorbau – bei guten Eigenschaften in puncto Steigfähigkeit und Bergabfahren – zu einem relativ schwergängigen Lenkverhalten und zu einer gestreckten Sitzposition.

Hier ist es aber sehr wichtig, die positiven und negativen

VORBAU-LÄNGE/-HÖHE	FAHRPOSITION		LENKVERHALTEN		STEIGFÄHIGKEIT	
9 cm/4 cm	−	zu kurz, unbequem	O	rund, sportlich, aber nervös	−	Vorderrad steigt leicht, man kann kaum eine gerade Linie fahren
11 cm/6 cm	O	ganz passabel, aber etwas kurz	+	wendig, gut	O	ordentlich, aber etwas schwierig, eine gerade Linie zu fahren
11 cm/8 cm	O	etwas kurz	+	gutes Handling, läßt sich sehr leicht bewegen	−	steigt leicht, man fährt oft in Schlangenlinien
13 cm/4 cm	+	gut, könnte ein klein wenig länger sein	+	gut, neutral	++	sehr gut
13 cm/6 cm	++	sehr gut, dürfte aber f. sportliche Fahrer ein bißchen länger sein	+	gut	+	sehr ordentlich
15 cm/6 cm	++	sehr gut, sportlich-gestreckt, aber angenehm	+	gut, aber etwas schwer zu steuern	++	keine Probleme, Vorderrad steigt erst sehr spät
15 cm/8 cm	O	recht ordentlich, aber man muß sich etwas stärker abstützen	O	nicht mehr ganz so rundes Steuern möglich	O	noch gut
15 cm/10 cm	O	passabel, ziemlich hoch	−	schwergängig, rundes Steuern kaum möglich	−	steigt sehr leicht, da man in ungünstigem Winkel a. Lenker zieht
17 cm/4 cm	O	extrem sportlich, tendiert ins Unangenehme	−	sehr schwergängig, unsicheres Gefühl, Wiegetritt jedoch gut	++	sehr gut, auch gerade Linie fahren gut möglich
17 cm/10 cm	O	gestreckt, aber insgesamt zu hoch	−	schwer, kaum rundes Steuern möglich, Wiegetritt schlecht	O	ganz ordentlich, steigt aber etwas früh

Eigenschaften des gewählten Vorbaus so einzuschätzen, daß ihre Kombination dann letztlich zu den Fahreigenschaften führt, die man für seinen persönlichen Einsatzbereich benötigt. Die richtige Vorbauwahl ist damit fast so etwas wie ein Puzzlespiel: Man kommt nur dann zum Erfolg, wenn man alle Einzelteile richtig einordnen kann. Damit Sie im Bike-Shop auf Anhieb die richtige Wahl treffen können, finden Sie hier eine umfangreiche Tabelle, in der alle gängigen Vorbaumaße und deren Auswirkungen auf die Fahreigenschaften des Bikes aufgeführt sind. Die Tabelle basiert auf umfangreichen Fahrtests mit Charles Cunninghams „Fitfinder". Alle

Angaben beziehen sich dabei auf ein zwanzig Zoll großes Bike mit einer Oberrohrlänge von 575 Millimetern. Mit einem kürzeren Oberrohr können Sie einen etwas längeren Vorbau fahren als in der Tabelle angegeben, und umgekehrt einen etwas kürzeren Vorbau bei

1. Wählen Sie einen eher kurzen Vorbau (unter 13 cm), wenn Sie eine kleine Rahmenhöhe (unter 50 cm) haben, wenn Sie gemütlich und entspannt fahren wollen, wenn Sie Wert auf eine leichtgängige Lenkung legen.
2. Wählen Sie einen eher lan-

BERGABFAHREN	
−	Man hat bei steilen Passagen sehr schnell das Gefühl des Vornüberkippens
+	gut, problemlos
O	etwas unsicher
+	sicher, ausgewogen
++	sehr gut, sicheres Gefühl
++	sehr gut, vor allem bei hohem Tempo
+	sicheres Gefühl, aber Stöße werden stärker auf die Arme übertragen
O	bei schneller Fahrt in Ordnung, auf Trialkursen aber sehr unsicher
O	bei schneller Fahrt auf losem Untergrund gut, bei Trialfahrten aber extrem unsicher
O	einigermaßen sicheres Gefühl, aber Probleme bei starkem Lenkeinschlag

einem längeren Oberrohr. Beachten Sie bitte auch, daß sich bei einer anderen Rahmenhöhe Oberrohrlänge und Vorbaumaß proportional verändern. Das bedeutet zum Beispiel, daß Sie bei einer kleineren Rahmenhöhe zwar ein kürzeres Oberrohr vorfinden, dieses aber nun nicht mit einem extralangen Vorbau ausgleichen dürfen. Die Faustregeln für die Vorbauwahl lauten:

gen Vorbau (13 cm und mehr), wenn Sie eine große Rahmenhöhe (über 50 cm) haben, wenn Sie eine sportliche Sitzposition bevorzugen und wenn Sie Wert auf eine besonders gute Steigfähigkeit legen.

6.

GARANTIE BESTIMMUNGEN BEI MOUNTAIN BIKES

Lebenslänglich für das Bike: Immer mehr Hersteller werben mit lebenslangen Garantieversprechen für die Qualität ihrer Räder. Doch damit die Ansprüche auch wirksam bleiben, müssen Biker ihr Velo am besten anketten und einkerkern. Denn die Garantiebestimmungen in Sachen Bruchsicherheit lassen kaum Spielraum für echten Offroad-Spaß. Lesen Sie hier, welche Schäden abgedeckt sind und ob sich die Mammut-Garantien bezahlt machen.

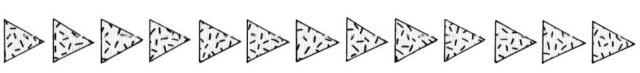

Pechvögel waren sie allesamt: Klaus stellte während eines gemütlichen Bike-Ausflugs mit seiner Frau plötzlich fest, daß die Gabel seines neuen Stollenflitzers verbogen ist. Eine Erklärung konnte er dafür jedoch nicht finden: Weder ein überfahrenes Hindernis noch sonst ein starker Schlag konnte die Gabel beschädigt haben. Günther erlebte sogar noch Schlimmeres: Beim Durchfahren einer Bodenwelle brach auf einmal der Rahmen seines wenige Wochen alten Untersatzes. Am schlimmsten traf es jedoch Markus: Nach einem etwa vierzig Zentimeter hohen Bunny Hop verzog sich die Gabel an seinem Geländegaul so stark, daß die Bremse aussetzte und er einen üblen Sturz hinlegte.

HERSTELLER VERSPRECHEN JAHRZEHNTELANGE SICHERHEIT

Nach dem ersten Schreck setzten die drei Pechvögel jeweils auf Glück im Unglück.

„Halb so wild", dachten sie, „ist ja noch ewig Garantie drauf." Tatsächlich geben die meisten Mountain-Bike-Hersteller langfristige Garantieversprechen auf die Qualität ihrer Rahmen und Gabeln. Mehr als 30 Hersteller der etwa 140 Anbieter auf dem deutschen Markt bieten eine Bruchgarantie von mehr als 10 Jahren und weitere 30 Hersteller sogar einen lebenslangen Schadenersatz. Besonders vielversprechend klingt auch das Garantieangebot einer Schweizer Mountain-Bike-Schmiede: Sie gewährt Schadenersatz für die erste Million gefahrener Kilometer – wie immer man das messen mag.

Was steckt hinter diesen vollmundigen Garantiezusagen? Lösen die Hersteller ihre Versprechen wirklich ein? Leider nicht: Viele Kunden sind mit der Abwicklung von Schadensfällen unzufrieden. Sie erwarten nach dem Kauf eine langfristige Mängelfreiheit und sind später bei auftretenden Defekten enttäuscht, wenn der Hersteller mit der Gewährleistung Probleme macht.

SCHWAMMIG FORMULIERTE GARANTIEBESTIMMUNGEN

Hauptgrund für den Ärger zwischen Käufer und Bike-Produzenten sind schwammig formulierte Garantiebedingungen. Die gönnerhaften Laufzeiten werden in der Werbung herausgekehrt – doch die nötigen Voraussetzungen für einen Garantiefall werden dagegen eher verschleiert. Erst wer die Garantiekarten genau unter die Lupe nimmt, erfährt, daß der Geltungsbe-

Mit der Teilnahme an Rennen können Sie Ihre Garantieansprüche verlieren.

reich der Gewährleistung meist drastisch eingeschränkt ist. Hier finden sich fast immer Formulierungen wie: „Bei nicht bestimmungsgemäßem Gebrauch", „Mißbrauch" oder „unsachgemäßer Bedienung" erlischt die Garantieleistung. Im Klartext verstehen die Hersteller darunter, daß der Garantieanspruch zum Beispiel entfällt bei:

nen oder ein Nose-Wheelie können die versprochene Gewährleistung im Extremfall zunichte machen.
Fast von selbst erklärt sich, daß alle Schäden, die auf Verkehrsunfälle oder auf mutwillige Demolierung zurückzuführen sind, nicht von der Garantie abgedeckt sind. Auch

schlossen. Der berühmte Ast, der in die Speichen gerät und dabei die Schaltung ruiniert, geht ebenfalls auf das Konto des Benutzers. Nicht von den Garantiebestimmungen erfaßt sind außerdem sämtliche Verschleißteile wie Bremsgummis, Reifen und Schläuche. Auf Komponenten wie Brem-

6

Bruch am Bike: Davor fühlen sich viele Offroad-Radler sicher – denn sie verlassen sich auf langjährige, zum Teil sogar lebenslange Garantieversprechen. Doch Vorsicht, die Gewährleistung deckt nicht jeden Schaden ab.

● nicht fachgerechter Montage,
● nicht ordnungsgemäßer Wartung,
● Schäden aus Sprüngen oder Stürzen,
● Teilnahme an Rennveranstaltungen,
● Ausübung von Freestyle-Tricks.
Wer an seinem Bike also selbst bastelt oder neue Teile montiert, kann unter Umständen sein Recht auf Garantie verlieren. Auch ein Bunny Hop, der Start bei einem Ren-

Lackschäden, die aus dem Offroad-Einsatz resultieren, sind verständlicherweise nicht in die Versicherung einge-

sen und Schaltung gilt in der Regel nur die gesetzliche Händlergarantie von einem halben Jahr.

41

DIE ENTSCHEIDUNG LIEGT BEIM HERSTELLER

Bei einem Schaden am Rahmen oder an der Gabel muß sich der Biker mit seinem lädierten Velo grundsätzlich zunächst an seinen Händler wenden. Er ist für die Abwicklung des Garantiefalls zuständig und stellt den Kontakt zum Hersteller her. Die Garantieabteilung der jeweiligen Firma behält sich das Recht vor, selbst zu entscheiden, ob der Anspruch auf Garantie gerechtfertigt ist oder nicht. Lehnen die Firmenexperten eine Haftung für den Schaden ab, bleibt dem Kunden nur der kostspielige Weg zu einem Sachverständigen.

Wie schwierig es sein kann, einen Garantiefall durchzusetzen, mußten die drei anfangs erwähnten Unglücksbiker feststellen: Klaus, dem die Gabel unvermittelt nach hinten knickte, bekam von seinem Händler und seinem Hersteller die Antwort, die Symptome deuteten einwandfrei auf Eigenverschulden hin. Resigniert ersetzte der Biker die Gabel auf eigene Rechnung. Bruchpilot Günther blieb ebenfalls auf seinem kaputten Rahmen sitzen. Sein Händler hielt ihm „unsachgemäße Behandlung" vor, und der Hersteller begründete die Ablehnung der Garantie mit dem Verdacht auf mutwillige Beschädigung. Auch Markus kam mit seinen Garantieforderungen nicht durch: Sein Bike-Hersteller diagnostizierte „Fremdeinwirkung" durch einen Sturz oder Sprung.

Erfreulicherweise gehen nicht alle Garantiefälle so unglück-

lich für die Kunden aus. Immerhin 30 Prozent der Biker, die sich mit Bruch am Bike herumschlagen mußten, berichten von problemlosen Garantieabwicklungen. Einen Teil der Garantiefälle muß man aber leider als unberechtigte Ansprüche an die Hersteller werten. Viele Hersteller müssen sich notgedrungen vor Schummeleien schützen: Die Beurteilung von Defekten ist nicht immer einfach. Oft wird versucht, einen durch Sturz oder Unfall entstandenen Schaden als Garantiefall darzustellen. Da gibt es von Zeit zu Zeit sogar Verrückte, die mit ihrem Bike vom Garagen-

DER EINSATZBEREICH MUSS STIMMEN

Natürlich gelten bei einer Preisspanne von etwa 800 bis 8000 Mark für Mountain Bikes auch unterschiedliche Einsatzbereiche und Belastungsgrenzen. Nicht jeder billig erworbene Stollengaul eignet sich für den harten Wettkampfeinsatz. Jeder Biker sollte sich vor dem Kauf Klarheit verschaffen, ob sich das jeweilige Mountain Bike für den vorgesehenen Zweck eignet. Die Hersteller sollten auch in der Werbung gezielter über den Einsatzbereich der einzelnen Modelle aufklären.

6

Selbst teure Race Bikes sind nicht ausgenommen: Die Hersteller übernehmen keine Haftung, wenn Ihr Bolide bei einem Sprung in die Brüche geht.

dach springen und dann mit dem kaputten Teil einen Garantieanspruch geltend machen wollen.

Eigentlich sollte es jedem einleuchten: Die Grenze zwischen eingeplanter Belastung und Überlastung ist fließend.

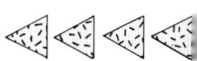

Dies sollte jeder Biker stets vor Augen haben. Ein Mountain Bike ist kein unverwüstlicher Panzer. Die Rahmenermüdung durch regelmäßige, harte Beanspruchung muß man einfach einkalkulieren. Ein Rahmen kann nach zwei bis drei Jahren – in Extremfällen auch früher – verbraucht sein und brechen. Gerade bei der derzeitigen Tendenz, die Räder immer leichter zu bauen, wird die Ermüdung des Materials zunehmend zu einem Problem. Realistische Bike-Vertreiber geben deshalb grundsätzlich nur eine kurze Zeit – zum Beispiel zwei Jahre – Garantie auf Material- und Verarbeitungsfehler.

DIE LEBENSLANGE GARANTIE IST EIN MARKETING-TRICK

Warum geben viele andere Hersteller aus der Branche dagegen bis zu lebenslange Gewährleistungs-Versprechen? Branchenkenner glauben: Jede Garantie, die über ein Jahr hinausgeht, ist entweder unter Konkurrenzdruck entstanden oder ein Marketing-Schachzug. Für sie ist klar, daß ein Rahmen oder eine Gabel durch einen Verarbeitungsfehler entweder in den ersten Monaten bricht oder gar nicht.
Gesetzlich haben Bike-Kunden lediglich einen Garantie-Anspruch von einem halben Jahr. In dieser Zeit muß der Händler für alle herstellungsbedingten Mängel geradestehen. Wenn eine Firma zehn, zwanzig oder mehr Jahre Garantie gibt, dann nur auf freiwilliger Basis.

GARANTIEZEIT NICHT ÜBERBEWERTEN ▷▷ ▷▷ ▷▷ ▷▷ ▷▷

Bis heute lassen sich viele Kunden bei der Auswahl eines neuen Mountain Bikes mit langjährigen Garantie-Zusagen ködern. Erst beim Blick hinter die Kulissen wird klar, daß man solche Versprechungen nicht überbewerten sollte. Wesentlich besser beraten ist, wer sein künftiges Gelände-Rad vor dem Kauf gründlich durchcheckt (siehe Kaufberatung in den vorhergehenden Kapiteln) und bei einem vertrauenswürdigen Händler kauft. Er wird sich im Garantiefall für seinen Kunden beim Hersteller einsetzen.
Allerdings muß der Schaden auch wirklich Hand und Fuß haben. Bei einem süddeutschen Bike-Importeur wollte kürzlich ein besonderer Schlaumeier sein Bike auf Garantie umtauschen. Bei genauerer Untersuchung kam heraus: Der Kunde hatte vergessen, das Stahlroß vom Autodachträger zu nehmen, bevor er in die Garage fuhr...

Trick-Biken gefährdet die Garantie.

DIE RICHTIGE PFLEGE UND WARTUNG

Raffinierte Schaltungen, starke Bremsen, filigrane Speichenräder, aufwendige Lager: Das Bike bringt Technik pur. Kaum ein Sportgerät hat so hochentwickelte Komponenten – und keines ist so schonungslos schädlichen Umwelteinflüssen ausgesetzt. Hier stehen alle Tips, wie Sie Ihr Bike vor den Unbilden des Wetters und dem Zahn der Zeit schützen.

Wer Zeit in Hülle und Fülle hat, für den ist die Sache klar: Die optimale Bike-Pflege braucht nur drei Dinge: saubere Tücher, eine Großpackung Q-Tips und – jede Menge Geduld. Wer lieber strampelt als striegelt, kann sich solche Putzorgien nicht leisten: Der Feierabend ist kurz genug, die freie Zeit geht schon komplett fürs Biken drauf. Pflege und Wartung – gut und schön, aber einfach muß sie sein, unkompliziert und schnell. Wie macht man's am besten? Ganz einfach: Die beste Bike-Behandlung steht auf zwei soliden Beinen – den richtigen Mitteln und der richtigen Methode.

OPTIMALER SCHUTZ DURCH SPEZIELLE PFLEGEMITTEL

Die Sache scheint doch kinderleicht: Ein Fahrrad – na klar, da gibt's doch Fahrrad-Öl. Wie in Urgroßvaters Zeiten, ein halber Liter eine Mark. Oder vielleicht doch lieber das Universalspray von der Tankstelle? Das löst Schrauben, schützt vor Rost und Mückenstichen. Keins von beiden? Was denn dann? Ganz so ein-

fach löst sich die Pflegefrage nun doch nicht: So simpel die Zweirad-Mechanik an sich auch ist, die Palette der erforderlichen Putz-Produkte muß eine ganze Reihe schwieriger Anforderungen erfüllen. Da sind zunächst einmal die Grundreinigungsmittel: Sie müssen hartnäckigen Schmutz, ölige Rückstände und klebrigen Bremsabrieb lösen. Dabei dürfen sie keines-

falls das Gummi der Reifen, den Lack, die Kunststoffdichtungen der Lager oder gar das Grundwasser angreifen. Die meisten Kaltreiniger, die fürs Auto oder Motorrad an den Tankstellen bereitstehen, sind fürs Bike zu aggressiv und damit ungeeignet. Die besten Erfahrungen habe ich mit speziellen Fahrrad-Reinigern aus der Sprühflasche gemacht: Klüber, Dr. Wack Chemie und Hanseline zum Beispiel bieten für acht bis 15 Mark einen mechanischen Pumpensprüher mit 500 ml Neutralreiniger an – biologisch abbaubar und kinderleicht in der Handhabung. Nach der Grundreinigung soll natürlich alles wieder wie geschmiert laufen. Für die Kette, die Schaltung und die Bremsen braucht man dafür ein hochwertiges Öl, die verschiedenen Lager verlangen in größeren Abständen nach

einer guten Portion Fett. Auch hier ist nicht jedes beliebige Mittel geeignet. Gute Bike-Produkte müssen höchste Ansprüche erfüllen:

● Sie müssen die Reibung auf ein Minimum reduzieren.
● Sie dürfen sich nicht in Wasser oder Reinigungsmitteln auflösen.
● Sie müssen darüber hinaus eingedrungenes Wasser wieder abführen, also wasserabstoßend sein.
● Zum Schutz der behandelten Oberflächen müssen sie Zusätze enthalten, die eine Korrosion verhindern.
● Öle und Fette dürfen weder durch Schmutz noch durch Alterung ihre chemisch-physikalischen Eigenschaften verlieren.
● Selbst unter hohem Druck und schwankenden Temperaturen muß Fahrrad-Fett seine optimale Konsistenz behalten.
● Ein gutes Öl haftet selbst bei hohen Fliehkräften am Metall. Nur so kann man eine geölte Kette nicht im Handumdrehen wieder trockenstrampeln.

Eine Reihe hochwertiger Mittel hat sich dabei besonders gut bewährt: Für besonders strapaziöse Offroad-Einsätze empfiehlt sich zum Beispiel das synlube von Pedro's und das Power Train Lube von Synchros. Beide Öle sind speziell fürs Bike entwickelt und bieten bei regelmäßiger Anwendung einen hervorragenden Schutz für Kette, Schaltung und die Drehpunkte der Bremsanlage. Für die hochwertigen Bike-Lager sollte man ebenfalls nur zu den besten Mitteln greifen. Die meisten Lager müssen ohnehin nur in ein- bis zweijäh-

Vor allem das empfindliche Bike-Getriebe benötigt die regelmäßige Pflege.

rigem Abstand neu gefettet werden, also kann die Wahl des Fettes hier ganz gewiß nicht vom Preis abhängen. Hervorragende, hochbelastbare Fette kommen zum Beispiel von Campagnolo, Germans, Klüber, Pedro's und Synchros. Für eine Dose der High-Chem-Schmierung muß man zwischen 10,– und 20,– Mark auf den Ladentisch legen – eine gute Investition in den Werterhalt des teuren Offroad-Flitzers.

OPTIMALE FUNKTIONEN DURCH PLANMÄSSIGE WARTUNG

Selbst die besten Pflegemittel können die Lebenserwartung des Bikes nicht verlängern, wenn man sie planlos und ohne Sachverstand einsetzt. Erste Voraussetzung für den Einsatz der chemischen Keule ist ein individueller Wartungsplan. Anders als beim Auto kann man beim Bike die Wartungsintervalle nicht nach den gefahrenen Kilometern oder der verstrichenen Zeit fest-

legen. 100 Kilometer auf der Straße sind sicherlich anders zu bewerten als die gleiche Strecke im harten Gelände. Ein Monat unter südlicher Sonne erfordert andere Arbeiten als ein Monat in Matsch und Schnee. Wichtig für den individuellen Wartungsplan sind demnach:
● die Witterungsumstände,
● der Einsatzbereich des Bikes,
● die persönliche Fahrweise,
● die Qualität der Komponenten.
Je nachdem, wie man diese vier Prüfpunkte bewerten muß, ergeben sich relativ lange oder relativ kurze Wartungsintervalle. Nun ist es wichtig, den gewählten Wartungsintervallen die notwendigen Wartungsarbeiten zuzuordnen. Hier ist es ausnahmsweise einmal genau wie beim Auto: Dort muß man nicht alle 5000 Kilometer die Zündkerzen auswechseln, und hier muß man auch nicht jedesmal alle Lager neu abschmieren.
Die Bike-Wartung läßt sich in folgende Kategorien einteilen:

7

Staub und Sandpartikel können die Funktion der Komponenten verschlechtern.

1. *Der Sicherheits-Check.*
Den Sicherheits-Check muß man bei jedem Wartungsdienst durchführen. Er dient der Kontrolle wichtiger Funktionen und der Vorbeugung größerer Schäden. Zum Sicherheits-Check gehört die Kontrolle der korrekten Brems- und Schaltungseinstellung, die Prüfung der spielfreien Einstellung aller Lager, der gleichmäßigen Speichenspannung und des Verschleißes von Kette und Ritzeln. Darüber hinaus sollte man sich vergewissern, daß alle wichtigen Schrauben – insbesondere am Tretlager, Vorbau und Lenker – fest angezogen sind und Brems- und Schaltzüge keine Knick- und Bruchstellen aufweisen.

2. *Die Grundreinigung.*
Die Grundreinigung dient der Säuberung des Bikes vor Schmutz, öligen Rückständen und Bremsabrieb. Sie muß im Sommerhalbjahr nicht bei jedem Wartungsdienst anfallen, unbedingt jedoch in der feuchten Jahreszeit. Zur Grundreinigung des Stollengauls verwendet man am besten einen der bereits erwähnten Neutralreiniger. Mit dem Pumpenzerstäuber sprüht man das Bike von oben bis unten mit der Reinigungsflüssigkeit ein – besonders gründlich dort, wo sich der hartnäckigste Schmutz angesammelt hat. Nach einer kurzen Einwirkzeit kann man das Bike dann mit einem kräftigen, nach Möglichkeit warmen Wasserstrahl abspritzen – fertig. Halten Sie dabei nicht direkt auf die Lager, und benutzen Sie auf gar keinen Fall ein Dampfstrahlgerät. Dem direkten Beschuß von Wasser und Lösungsmitteln hält auf Dauer keine Dichtung stand. Das saubere Bike braucht nun eine neue Schmier-Packung: Ölen Sie die Kette und die Drehpunkte des Schaltwerks, des Umwerfers und der Bremsanlage

sparsam mit einem hochwertigen Mittel ein. Wischen Sie überschüssiges Öl mit einem sauberen Lappen wieder ab – der Umwelt zuliebe.

3. Einstellarbeiten.
Einstellarbeiten dienen der optimalen Funktion und Lebensdauer der Bike-Komponenten. Sie müssen sofort durchgeführt werden, wenn der Sicherheitscheck einen konkreten Anlaß dazu zeigt. Zu den Einstellarbeiten gehören die Justage von Bremse und Schaltung, die Korrektur des Lagerspiels und das Zentrieren der Laufräder. Alle anfallenden Einstellarbeiten sind in den folgenden Kapiteln genau beschrieben.

4. Die große Inspektion.
Die große Inspektion dient dem Werterhalt des Offroadflitzers und sichert langfristig die reibungslose Funktion wichtiger Bauteile. Eine große Inspektion fällt etwa einmal jährlich an. Zum Wartungsumfang gehört das Zerlegen, Reinigen, Fetten und Justieren sämtlicher Konenlager – Naben, Innenlager, Pedale, Steuersatz –, das Zentrieren beider Laufräder, das Reinigen und Fetten von Sattelstütze, Vorbauschaft, Schaltungsröllchen und Anlötsokkeln der Bremsanlage, die Reinigung sämtlicher Züge und das Ausbessern von Lackschäden. Wichtige Ausnahmen: Industriekugellager in Naben (Bullseye, Suntour XC, American Classic etc.), Innenlagern und Pedalen sind wartungsfrei und dürfen nicht zerlegt werden. Schalt- und Bremszüge mit Teflonführung benötigen keine Fettpackung. Sie müssen bei der großen Inspektion unbedingt mit

Ruhe, Überblick und dem passenden Werkzeug an die Arbeit gehen. Wenn Sie noch nie ein Lager zerlegt haben, lassen Sie sich die Arbeitsgänge von einem Fachmann vorführen. Merken Sie sich bei der Montage eines zerlegten Lagers unbedingt die Lage der Kugelringe und kontern Sie die Konen so fest wie möglich. Weitere Einzelheiten entnehmen Sie bitte den folgenden Kapiteln.

5. Reparatur und Austausch von Teilen.
Sollten Sie ein defektes Teil reparieren oder austauschen müssen, beachten Sie bitte unbedingt die folgenden Grundregeln:
● Wagen Sie sich auf keinen Fall an eine Reparatur, wenn Ihnen nicht alle Arbeitsschritte vertraut sind. Geben Sie Ihr Bike im Zweifel lieber in eine Fachwerkstatt. Besonders schwierige Arbeiten fallen bei Steuersatz, Innenlager und Freilauf an. Hier kann man selbst mit dem nötigen Spezialwerkzeug im Handumdre-

hen eine Menge kaputtmachen. Versuchen Sie auf gar keinen Fall, ohne passendes Werkzeug zum Beispiel einen Steuersatz einzupassen. Es geht auf jeden Fall schief. Einfache Arbeiten sind der Austausch einer Kette, eines Reifens oder eines Bremsgummi-Satzes. Diese Arbeiten können sich auch Anfänger zumuten – mit Geduld und Spucke.
● Benutzen Sie für jede Reparatur und Einstellarbeit unbedingt das passende Werkzeug. Die Rohrzange ist kein Universalschlüssel und kann – buchstäblich im Handumdrehen – irreparable Schäden verursachen.
● Kaufen Sie nur Werkzeug von guter Qualität. Es ist praktisch unbegrenzt haltbar und somit auf jeden Fall eine gute Investition. Ein umfassendes Angebot an Spezialwerkzeug bieten zum Beispiel Bike-Versandhäuser. Eine Empfehlung für eine solide Grundausrüstung an Spezialteilen finden Sie im

7

nebenstehenden Kasten. Man kann sich parallel zu seinen wachsenden Kenntnissen nach und nach die entsprechende Ausrüstung zulegen und fortan alle Arbeiten rund ums Bike in eigener Regie durchführen. Das spart langfristig Geld, macht Spaß und bringt neue Fertigkeiten. Vergessen Sie bei allen Pflege-, Wartungs- und Reparaturarbeiten nicht Ihr eigenes Wohlbefinden: Richten Sie sich eine Ecke in einem trockenen, hellen Raum ein. Hängen Sie Ihr Werkzeug nach Möglichkeit an die Wand – das ist übersichtlicher und zeitsparender als das übliche Werkzeugkasten-Chaos. Legen Sie sich einen Montageständer oder eine Deckenbefestigung fürs Bike zu – Ihr Rücken wird's Ihnen danken. Viel Spaß bei der Arbeit.

Die optimale Ausrüstung für die Bike-Werkstatt

Allgemein: Werkstattständer/Deckenaufhängung, Pflegemittel, Putzlappen, Maulschlüsselsatz, Inbusschlüsselsatz, Hammer, Kombizange/Spitzzange, Schraubenziehersatz.
Laufräder: Luftpumpe mit Manometer, Reifenheber/Flickzeug, Zentrierständer/Zentrierlehre, Nippelspanner, Zahnkranzabzieher/Zerlegewerkzeug, Konusschlüsselsatz.
Antrieb: Kettenwerkzeug, Tretlagermutternschlüssel, Kurbelabzieher, Tretlager- und Pedalschlüssel.
Steuersatz: Steuersatzschlüssel.
Bowdenzüge: Bowdenzugzange.
Mit diesen Werkzeugen können Sie fast alle anfallenden Arbeiten am Bike leicht und präzise ausführen. Spezialwerkzeug zum Gewindeschneiden, zum Austausch des Steuersatzes und zur Kontrolle des Rahmens, der Ausfallenden und des Schaltungsauges sind hier nicht aufgeführt, da sie erstens zu teuer sind und zweitens nur von einem ausgebildeten Fachmann eingesetzt werden sollten.

Ein Workstand erleichtert die Arbeit.

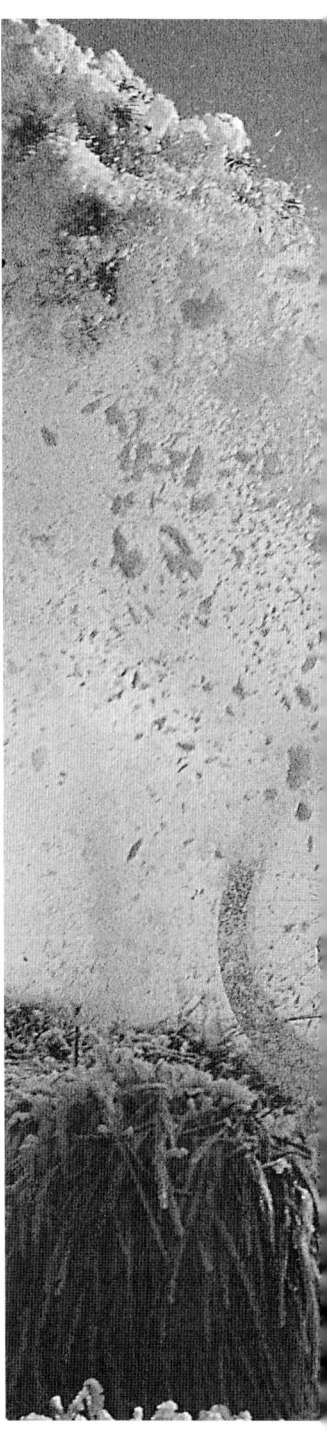

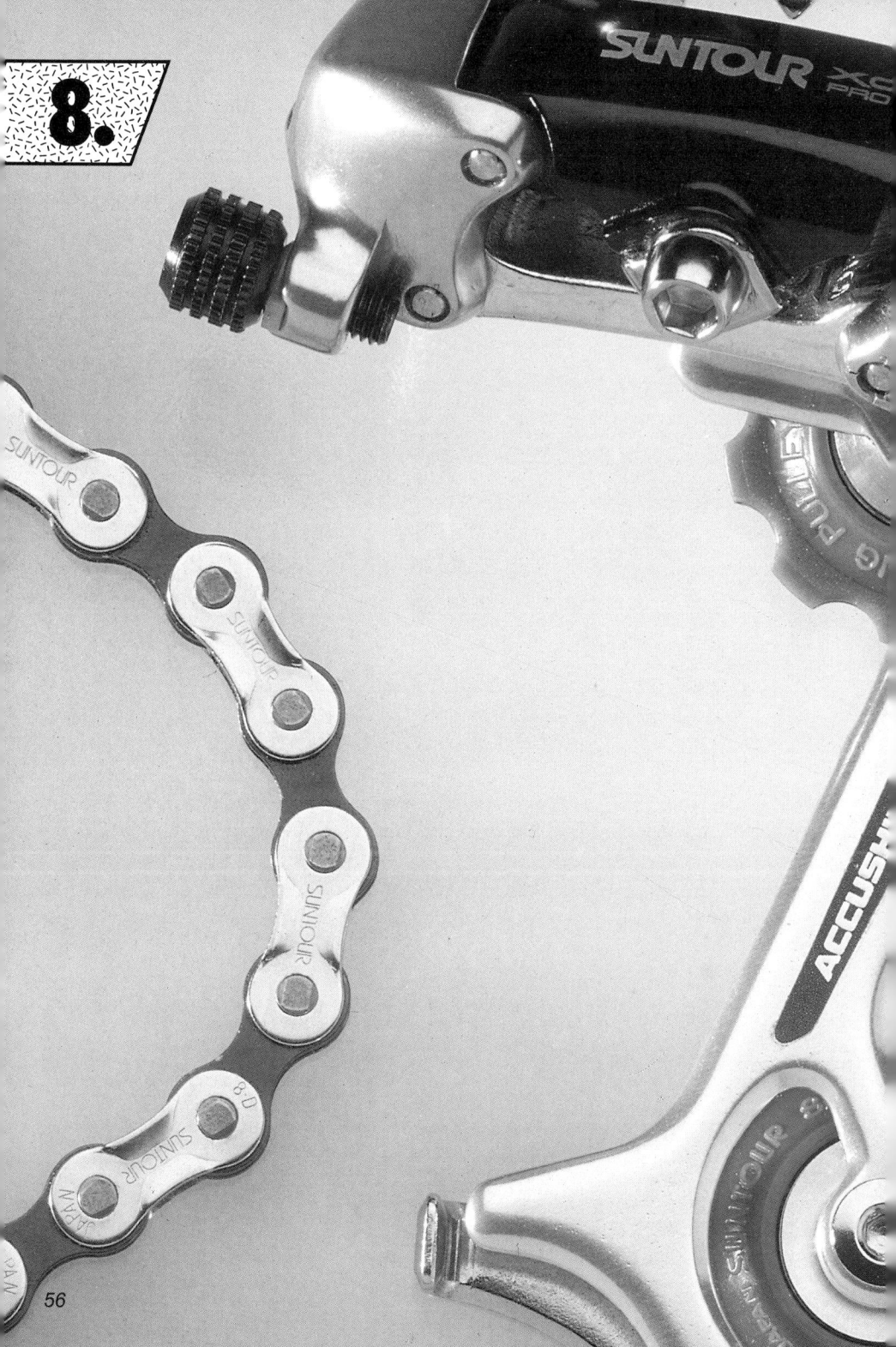

8.

8

SCHALTUNG
RICHTIG JUSTIEREN

Manchmal geht es um Millimeter: Eine kleine Abweichung vom Optimum — und Ihre Schaltung klickt nicht mehr wie ein Uhrwerk, sondern rasselt wie ein Schloßgespenst. Hier steht, wie Sie Ihr Getriebe im Handumdrehen wieder in die Gänge kriegen.

Das kann einem die schönste Tour vermiesen: Beim Runterschalten vor dem kernigen Anstieg klickt es zwar am Schalthebel, aber der Gang wechselt nicht. Statt dessen rasselt die Kette, hüpft hin und her, reitet auf dem nächsten Zahnkranz auf und rutscht plötzlich durch. Fatales Ergebnis: Der Biker tritt ins Leere und knallt eventuell schmerzhaft auf den Vorbauschaft. Damit hat das nervige Spiel meist jedoch noch kein Ende. Die Kette schrammt jetzt in jedem Gang am nächsten Ritzel und das Schalten wird immer mehr zum Glücksspiel. Da ist es dann meist aus mit der spaßigen Tour, obwohl man das Problem an ein paar kleinen Schräubchen ganz leicht lösen könnte. Bloß wie? Zuerst einmal – wie konnte das Malheur überhaupt passieren? Ganz klar: Frisch aus dem Laden arbeitet jedes Bike-Getriebe ganz hervorragend. Mit einem leichten Daumendruck kann man alle 21 Gänge sanft und präzise durchschalten. Jede Fahrstufe sitzt auf Anhieb – ohne Überschalten, ohne Rasseln und Klappern. Kein Wunder: Durch sorgfältige Justage, Probefahrt und Endkontrolle hat der Händler die Bike-Schaltung optimal auf ihr Leben in der Wildnis vorbereitet. Diese gute Erst-Einstellung hält in der Regel auch eine Weile vor. Aber nach einiger Zeit läßt die Schaltqualität dann unweigerlich nach – Umwerfer und Schaltwerk bekommen ihre Macken.
Das sind die Gründe:
● Die Innenzüge längen sich nach den ersten Schaltvorgängen noch ein wenig.

● Gleichzeitig werden die Außenhüllen leicht gestaucht.
● Durch die Erschütterungen während der Fahrt können sich die Klemmschrauben für die Schaltzüge etwas lockern und die Züge durchrutschen. Bei fortgeschrittener Lebensdauer des Bikes kommen noch weitere Ursachen hinzu:
● Kette, Ritzel und Zahnkränze verschleißen langsam.
● Die Lagerstifte von Schaltwerk und Umwerfer und die Rasterung in den Schalthebeln nutzen sich mit der Zeit ab.
● Die Spannung der Rückholfeder im Schaltwerk läßt nach.
● Das Spiel in den Schaltwerksröllchen nimmt zu; die

Kette wird nicht mehr so präzise geführt.
● Die Schaltzüge werden durch Schmutz und Abnutzung immer schwergängiger. Und das sind die Folgen:
● Die Gänge rasten nicht mehr so präzise ein. Oft rasselt die Kette am Nachbarritzel entlang und springt nur mit Verzögerung in die gewünschte Position.
● Manche Gänge lassen sich nur noch durch Überschalten einlegen. Das heißt, daß man den Schalthebel über die Rasterung für den gewünschten Gang hinausschieben und anschließend sofort wieder ein Stückchen zurücknehmen muß.

Damit weisen Sie die Schaltung in ihre Grenzen: Auf der Rückseite des Schaltwerks finden Sie die beiden Einstellschrauben für den kleinsten und größten Gang. Mit ihrer Hilfe begrenzen Sie den Hub des Schaltwerks und verhindern, daß die Kette seitwärts von den Ritzeln springt.

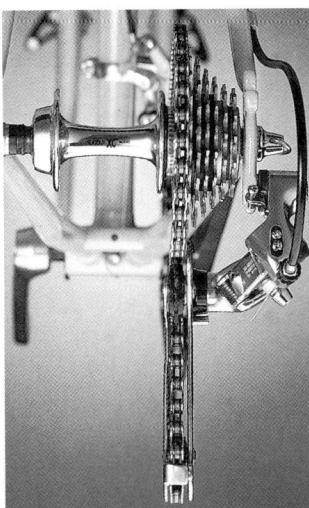

Bei der Einstellung des größten Gangs verfahren Sie genauso: Bringen Sie das Schaltwerk mit Hilfe der oberen Einstellschraube so in Position, daß die beiden Leitröllchen der Schaltschwinge direkt unter dem kleinsten Ritzel stehen.

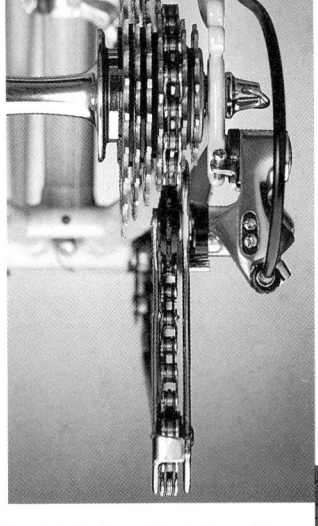

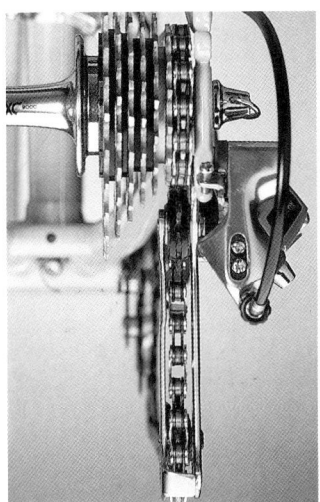

So stellen Sie den kleinsten Gang ein: Justieren Sie das Schaltwerk mit Hilfe der unteren Einstellschraube so, daß die beiden Leitröllchen der Schaltschwinge — von hinten gesehen — genau unter dem größten Ritzel stehen.

Das ist die Grundeinstellung: Bringen Sie die Kette auf das drittkleinste Ritzel. Justieren Sie dann das Schaltwerk über die Kabel-Einstellschraube so, daß die beiden Leitröllchen der Schaltschwinge genau unter dem Ritzel stehen und die Kette gerade eben noch nicht am viertkleinsten Nachbarn entlangschrammt.

8

Die Ursache einer verstellten, unpräzisen Schaltung liegt meist in einer zu geringen oder zu hohen Kabelspannung. Am hinteren Ende des Schaltwerks finden Sie eine schwarze Einstellschraube, mit deren Hilfe Sie die Spannung des Schaltkabels regulieren können. Wenn Sie die Schraube nach links drehen, erhöht sich die Kabelspannung und das Schaltwerk wandert nach innen. Nach rechts vermindern Sie die Kabelspannung, und das Schaltwerk wandert nach außen.

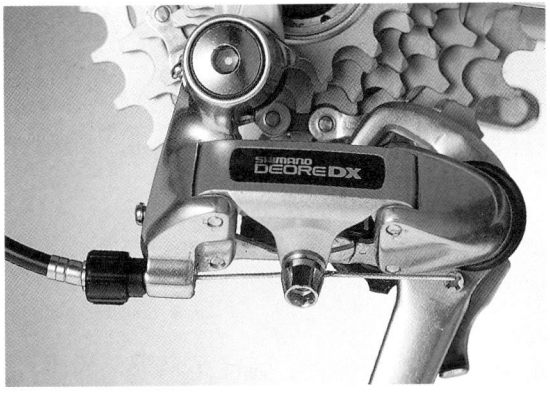

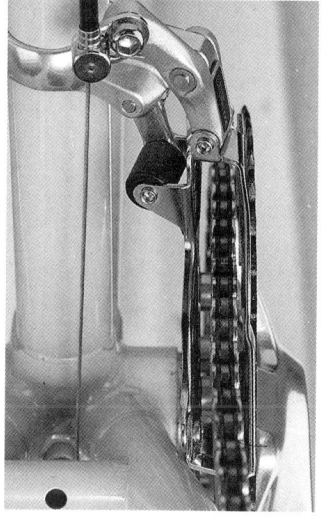

Nicht nur in der Höhe, sondern auch seitlich muß der Umwerfer genau ausgerichtet sein: Drehen Sie ihn nach Lockern der Befestigungsschelle so, daß er mit der Außenkante des Führungsblechs genau parallel zum größten Kettenblatt steht.

Für ein optimales Schaltverhalten ist es erforderlich, daß man den Umwerfer auf die richtige Höhenposition bringt: Lockern Sie mit einem 5er Inbus die Befestigungsschelle und richten Sie den Umwerfer so aus, daß das äußere Führungsblech das größte Kettenblatt in einem Abstand von ein bis drei Millimetern passieren kann.

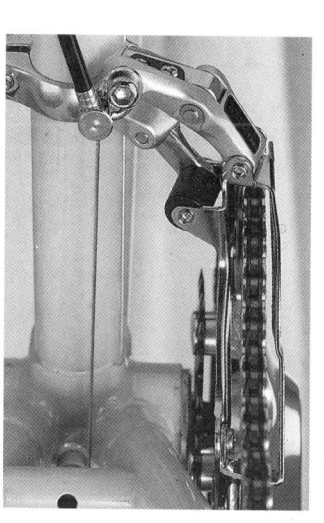

Nun stellen Sie den kleinsten Gang ein: Bringen Sie die Kette hinten aufs größte Ritzel und vorn aufs kleinste Kettenblatt. Dann positionieren Sie den Umwerfer mit Hilfe der linken Einstellschraube so, daß zwischen Kette und innerem Führungsblech etwa ein bis zwei Millimeter Abstand bleibt.

So stellen Sie den größten Gang ein: Legen Sie die Kette hinten aufs kleinste Ritzel und vorn aufs größte Kettenblatt. Dann regulieren Sie die Umwerferstellung mit Hilfe der rechten Einstellschraube so, daß zwischen Kette und äußerem Führungsblech etwa ein Millimeter Abstand bleibt.

Sicher ist sicher: Beim Schalten unter Last muß die Kette willig folgen.

Nun wird es höchste Zeit, die Schaltung neu zu justieren. Wer sein Bike-Getriebe jetzt nicht in die Inspektion bringt, muß mit weiteren – und schlimmeren – Folgen rechnen: Der vordere Umwerfer kann die Kette – statt aufs gewünschte Kettenblatt – darüber hinaus und somit in den Abgrund befördern. Damit schaltet man abrupt in den Leerlauf und kann von Glück sagen, wenn man nicht zu Boden geht. Ähnlich prekär kann es auch hinten werden: Das Schaltwerk kann die Kette möglicherweise nicht mehr aufs gewünschte Ritzel führen, der Gliederstrang zappelt hin und her und rutscht durch. Besonders unangenehm ist es, wenn das Schaltwerk die Kette weiter fördert als vorgesehen und sie jenseits des letzten Ritzels ins Bodenlose fallen läßt. Hinterm kleinsten

Ritzel raspelt's den Lack vom Ausfallende, und hinterm größten Ritzel spielen die Spei-

Eine optimal gepflegte Schaltung bringt Fahrspaß in jedem Gelände.

chen das Lied vom Tod. Wie kann man nun seine Schaltung stets optimal funktionsfähig halten?
1. Nach jeder Fahrt sollte man Schaltwerk, Umwerfer, Kette und Ritzel von grobem Schmutz reinigen und bei Bedarf etwas fetten. Somit bleibt die Schaltung stets leichtgängig. Dabei sollte man auch kontrollieren, ob die Züge beschädigt oder geknickt sind.
2. Von Zeit zu Zeit sollte man überprüfen, ob sich alle Gänge noch leicht durchschalten lassen und präzise einrasten. Dazu sollte man das Bike in einen Werkstatt-Ständer hängen und auch die Ritzelkombinationen ausprobieren, die man normalerweise nicht benutzt.
Beim geringsten Schleifen, Rasseln oder Knacken ist es an der Zeit, das Schaltsystem neu einzustellen. Anhand dieses Workshop-Artikels kann man sein Bike-Getriebe spielend wieder in die Gänge kriegen.

8

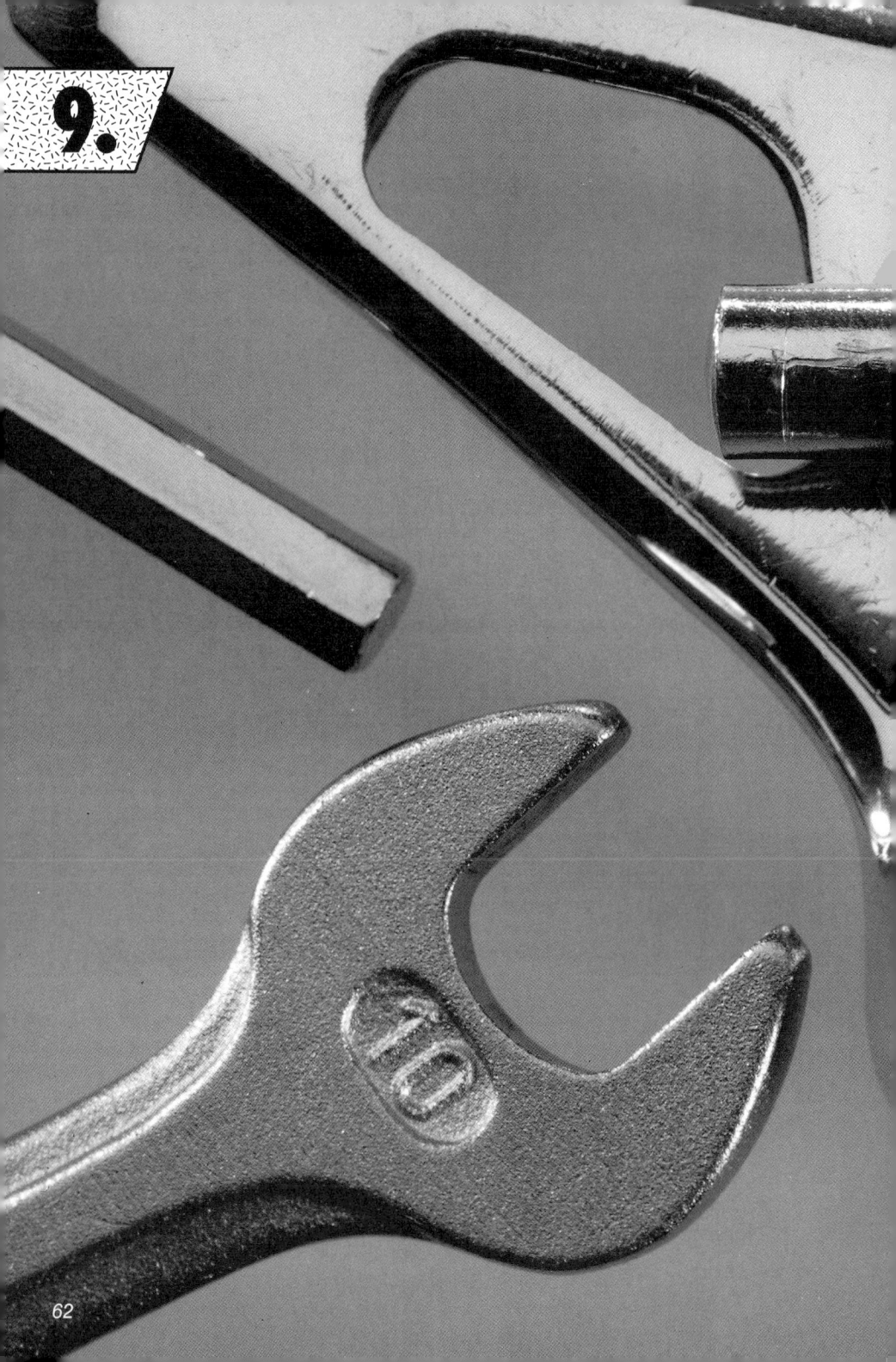

BREMSEN RICHTIG JUSTIEREN 9

Bike-Bremsen sind wie eine Unfall-versicherung — gute Haftung zahlt sich aus. Die Funktion der Bremsen ist oft schon mangelhaft, wenn sie nur um einen Millimeter falsch ein-gestellt sind. Mit ein paar Hand-griffen können Sie jedoch aus Ihren Bremsen das Optimum her-ausholen.

Langsam treibt es ihm den Angstschweiß auf die Stirn: Irgendwas kann mit den Bremsen nicht stimmen! Letzte Woche war die steile Abfahrt von der Firstalm zum Spitzingsee noch ein Kinderspiel: Zwei Finger am Bremshebel – alles im Griff. Doch heute muß er plötzlich zugreifen, als wolle er rohe Kartoffeln zerquetschen – und von guter Bremswirkung keine Spur. Im Gegenteil: Hinten quietscht's wie ein rostiges Scheunentor, und vorn rubbelt's, als wär keine Felge eingespeicht, sondern ein Waschbrett. Zu alledem kommt, daß seine Arme vom harten Zupacken mittlerweile schmerzen wie nach fünfzig Liegestützen. Sollte das der Spaß an der Abfahrt sein? Solchen Frust haben viele engagierte Biker schon erlebt. Frisch aus dem Schaufenster sind alle Geländeflitzer in der Regel optimal eingestellt: Die Bremsen sind penibel justiert, die Wirkung ist hervorragend, die Betätigungskraft gering.

Nach einigen Ausflügen ins Gelände verschlechtert sich jedoch häufig die gute Brems-Einstellung. Die Gründe:
● Die Kabelzüge längen sich nach den ersten Bremsmanövern noch ein wenig.
● Die Außenhüllen werden noch etwas gestaucht.
● Die Bremsgummis schleifen sich auf die Felge ein und nutzen sich dabei etwas ab.
● Manchmal verschieben sich sogar die Bremsklötze und -arme, denn durch die Erschütterungen während der Fahrt können sich die Befestigungsschrauben lockern.
Die Justage der Bremsen ist nun nicht mehr korrekt. Was sind die Folgen?
● Die gereckten Züge und die gestauchten Außenhüllen führen dazu, daß sich der Leerweg des Hebels erhöht. Dadurch muß man nun den Bremshebel weiter als zuvor zum Lenker ziehen, um die gleiche Bremswirkung zu erzielen. Im Extremfall läßt sich der Hebel dann bis an den

Lenker heranziehen, ohne daß die Bremse ihre maximale Wirkung erreicht.
● Eingeschliffene und abgenutzte Bremsgummis sind meist nicht mehr optimal auf die Felgenflanke ausgerichtet. Bereits eine scheinbar geringfügige Abweichung von ein bis zwei Millimetern in eine beliebige Richtung kann eine spürbare Minderung der Bremswirkung mit sich bringen. Hinzu kommt, daß sich die Bike-Verzögerer dann oft durch störende Vibrationen und nervtötendes Quietschen bemerkbar machen.
Wer jetzt seine Bremsgummis nicht neu ausrichtet, muß mit schlimmen Folgen rechnen: Die Klötze einer Cantileverbremse können im Extremfall bei einem scharfen Bremsmanöver von der Felge abrutschen, in die Speichen kippen und damit sofort das Rad zum Blockieren bringen. Beim Hinterrad führt das vielleicht nur zu einem spektakulären Drift, aber ein blockiertes Vorderrad hat unweigerlich einen Salto mortale über den Lenker zur Folge.
Bei Rollercam-Bremsen und U-Brakes können verschlissene Bremsgummis zwar nicht in die Speichen abkippen und das Rad zum Blockieren bringen, dafür wandern sie aber allmählich in Richtung Reifenflanke. Das Resultat: Bei weit fortgeschrittener Abnutzung schlitzen die Bremsgummis den Reifen auf. Wie kann man nun die Bremsen seines Stollengauls stets optimal funktionsfähig halten?
1. Vor jeder Fahrt sollte man überprüfen, ob sich irgendetwas an den Bremsen gelokkert hat, zum Beispiel eine

Hier geht's um jeden Millimeter: Optimale Bremsjustage bringt Sicherheit.

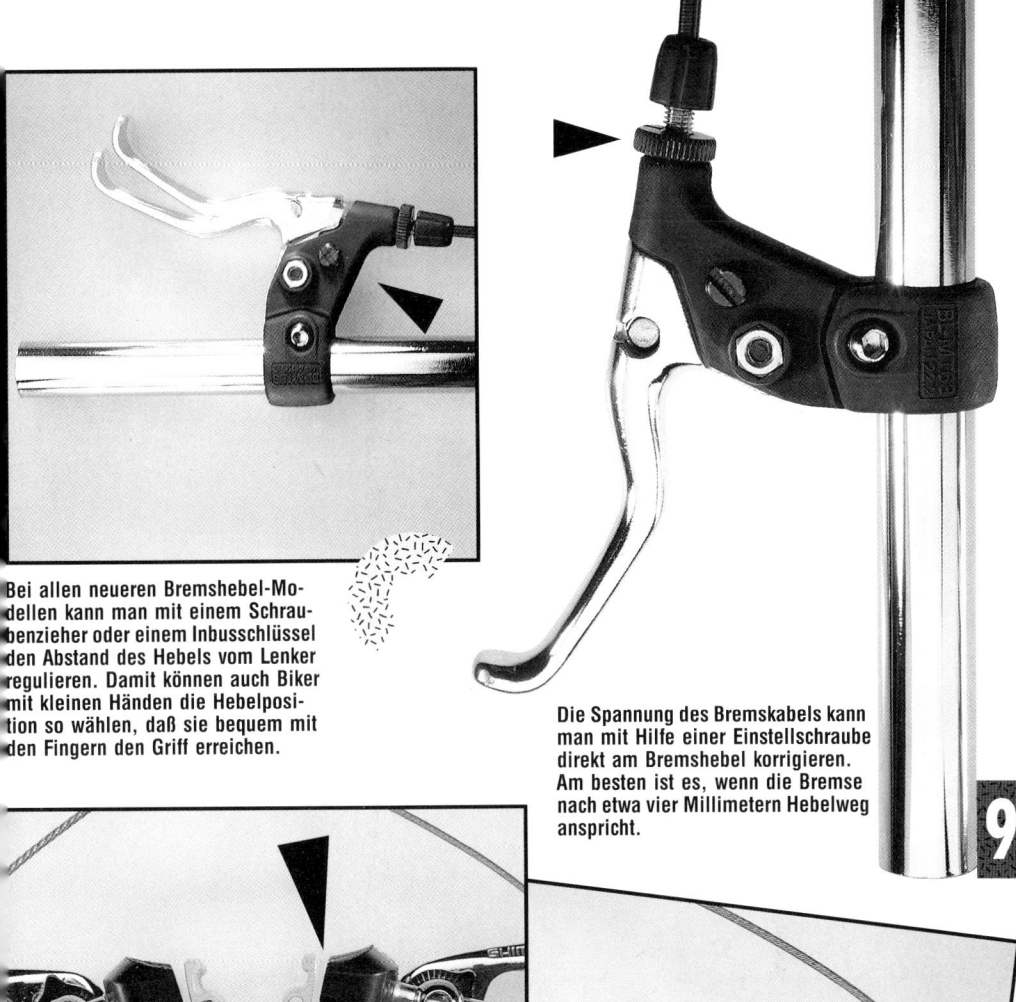

Bei allen neueren Bremshebel-Modellen kann man mit einem Schraubenzieher oder einem Inbusschlüssel den Abstand des Hebels vom Lenker regulieren. Damit können auch Biker mit kleinen Händen die Hebelposition so wählen, daß sie bequem mit den Fingern den Griff erreichen.

Die Spannung des Bremskabels kann man mit Hilfe einer Einstellschraube direkt am Bremshebel korrigieren. Am besten ist es, wenn die Bremse nach etwa vier Millimetern Hebelweg anspricht.

9

Beide Bremsarme sollte man so einstellen, daß an jeder Seite zwischen Felge und Bremsgummi etwa zwei Millimeter Spielraum ist. Den Abstand zwischen Felge und Bremsgummi kann man über die Kabeleinstellschraube am Bremshebel regulieren.

Damit sich die Bremse feiner dosieren läßt, sollten beide Bremsarme genau symmetrisch zur Felge stehen. Das erreicht man, indem man über eine kleine Einstellschraube die Federvorspannung der Bremsarme entsprechend verändert.

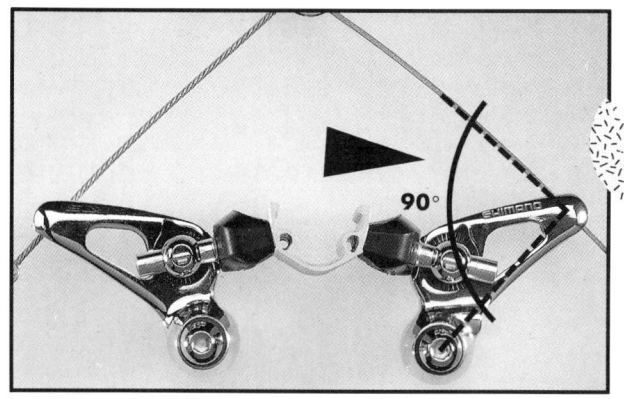

Ihre maximale Verzögerung erreichen Cantileverbremsen nur, wenn das Bremskabel und der Bremsarm im richtigen Winkel zueinander stehen: Wenn die Bremsklötze an der Felge anliegen, sollte er genau 90 Grad betragen.

Bei angezogener Bremse müssen die Bremsgummis — von vorn gesehen — mit ihrer ganzen Fläche an der Felge anliegen. Um das Bremsgummi bei Bedarf neu ausrichten zu können, muß man mit einem 10er Maul- und einem 5er Inbusschlüssel zunächst die entsprechende Befestigungsschraube lockern. Anschließend kann man das Bremsgummi leicht in die gewünschte Position bringen.

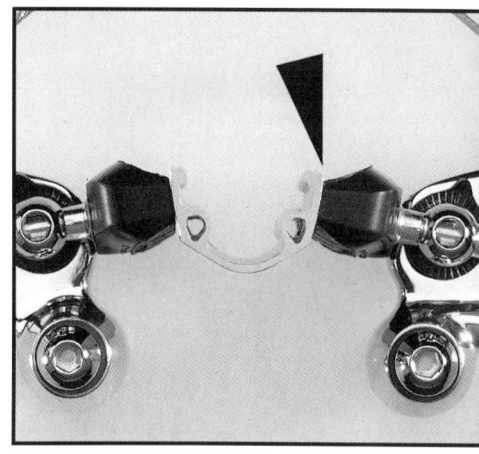

Von der Seite gesehen müssen die Bremsgummis genau parallel zur Felgenflanke ausgerichtet sein, damit sie beim Bremsen nicht die Seitenwände der Reifen beschädigen.

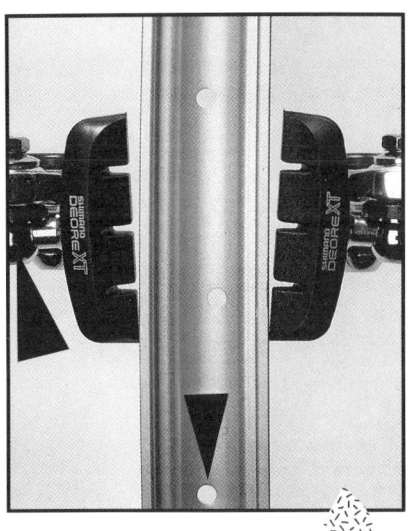

Von oben gesehen muß das Bremsgummi so ausgerichtet sein, daß es – in Laufrichtung des Rades – zuerst mit dem vorderen Ende die Felge berührt. Hinten sollte es dabei noch etwa ein Millimeter von der Felge abstehen. Der Effekt: Beim Bremsen wird das Gummi dann mit der ganzen Fläche an die Felge gerissen. Justiert wird das Bremsgummi, indem man – wie oben beschrieben – dessen Befestigungsschraube lokkert und die angeschrägte Einstellscheibe so lange verdreht, bis das Bremsgummi in der passenden Position ist.

Befestigungsschraube fürs Bremskabel oder für einen Bremsarm. Dazu genügt es meist, das Bike mit fest angezogenen Bremsen im Stand kurz hin- und herzuruckeln.

Wichtig ist auch, bei der Gelegenheit die Kabelzüge auf Beschädigungen zu untersuchen.
2. *In regelmäßigen Abständen, mindestens aber einmal im Monat, muß man dann die korrekte Justage der gesamten Bremsanlage kontrollieren. Wer dabei feststellt, daß seine Bremsen nicht hundertprozentig richtig eingestellt sind, kann sie anhand dieser Workshop-Ausgabe schnell, sicher und mit wenigen Handgriffen wieder in die optimale Position bringen.*
Da rund neunzig Prozent aller Bikes mittlerweile nur noch mit Cantileverbremsen ausgestattet sind, finden Sie hier die Einstellungsarbeiten auch nur für diesen Bremsentyp vor. Die Justage von U-Brakes, Rollercam- und Monoplaner-Bremsen funktioniert aber praktisch genauso.

9

67

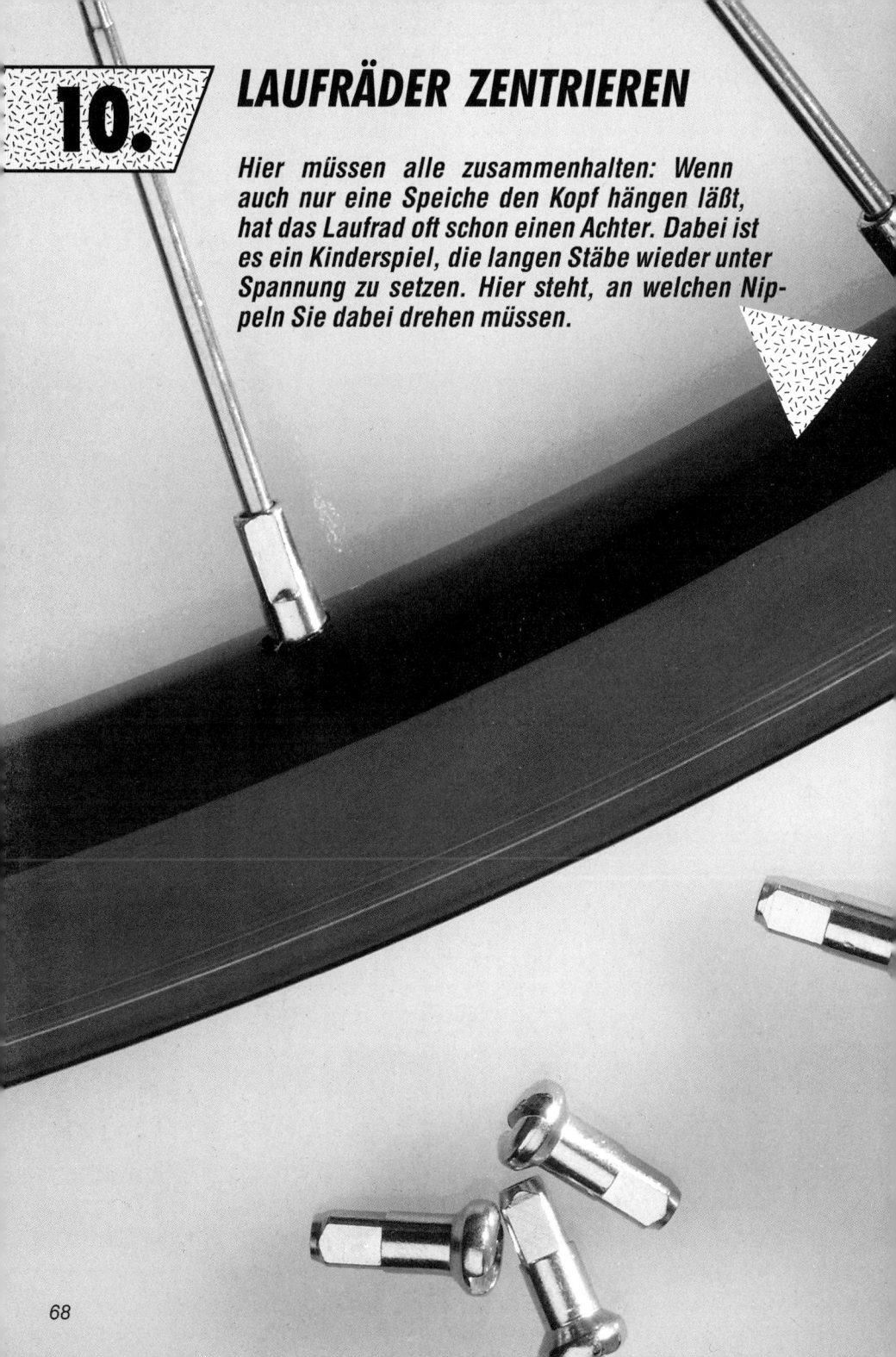

10. LAUFRÄDER ZENTRIEREN

Hier müssen alle zusammenhalten: Wenn auch nur eine Speiche den Kopf hängen läßt, hat das Laufrad oft schon einen Achter. Dabei ist es ein Kinderspiel, die langen Stäbe wieder unter Spannung zu setzen. Hier steht, an welchen Nippeln Sie dabei drehen müssen.

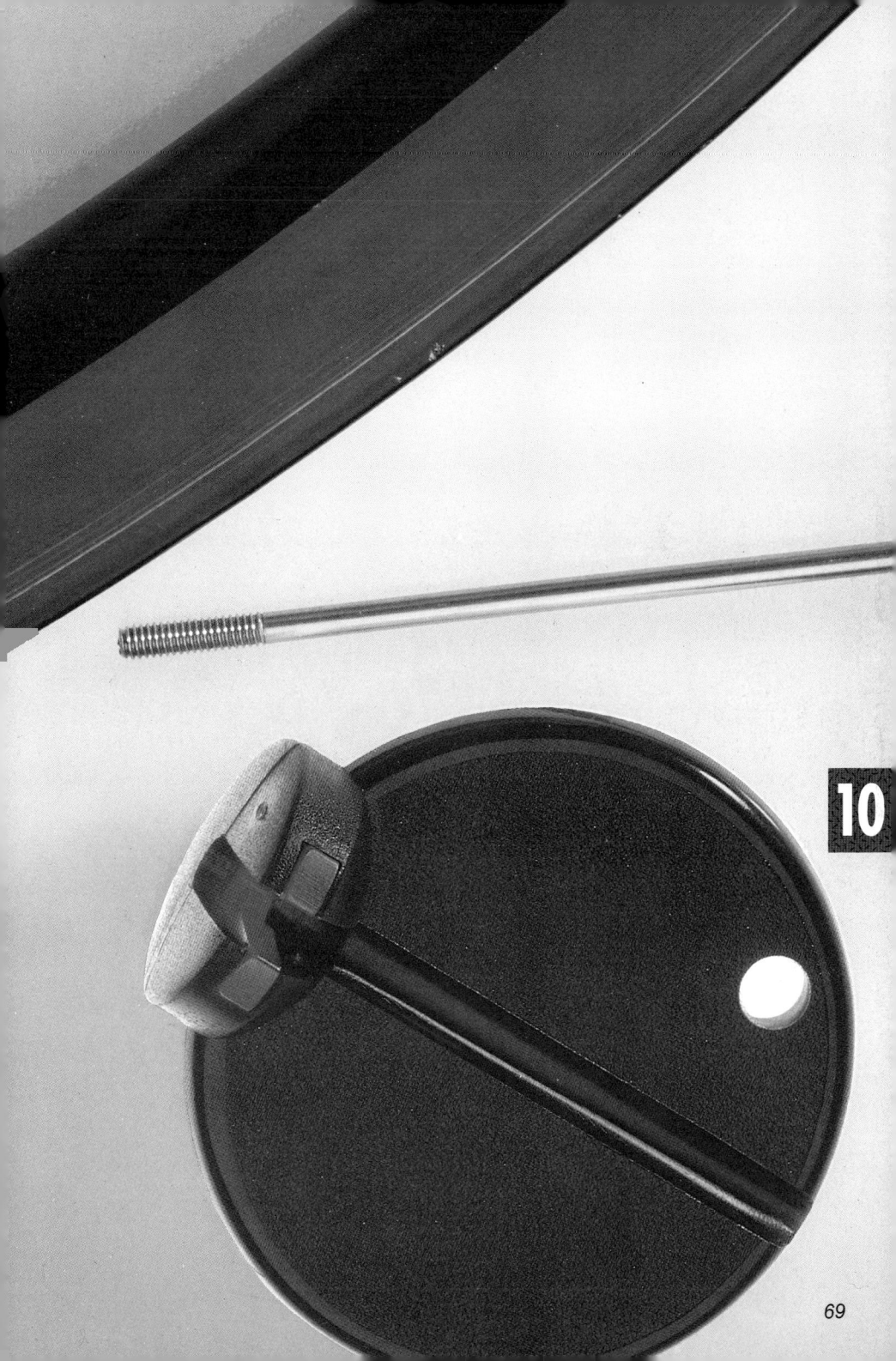

Viele Bike-Besitzer haben es schon erlebt: Der neue Offroad-Flitzer ist gerade erst drei Wochen alt, und schon ist mit den Laufrädern etwas nicht in Ordnung. Sie eiern, hüpfen auf und ab oder schleifen bei jeder Umdrehung an den Bremsklötzen entlang. Klarer Fall: Ein Achter hat sich eingeschlichen. Und dabei ist das Bike noch nicht einmal richtig im Gelände gewesen. Wie kann so etwas denn überhaupt passieren?

Ganz einfach: Frisch aus dem Laden läuft jedes Speichenrad optimal rund. Schon beim Bike-Produzenten hat man alle Speichen des Laufrades mit einer Maschine genau gleich stark angezogen. Anschließend wird jedes einzelne Rad noch einmal von einem Spezialisten nachzentriert. Wenn aber nun ein frischgebackener Bike-Besitzer sein brandneues Edelteil die ersten Male ausreitet, geht es dem Speichennetz ähnlich wie neuen Brems- oder Schaltzügen: Unter der Belastung des Fahrergewichts setzt es sich ein wenig:

1. Alle Speichen längen sich noch etwas.
2. Die Speichenbögen biegen sich – je nach Stärke des Nabenflansches – noch ein wenig auf.
3. Die Speichenköpfe passen sich ihrem Sitz im Nabenflansch erst allmählich an, und auch die Speichennippel müssen sich noch an ihren Stammplatz in der Felge gewöhnen. Die ursprüngliche, gleichmäßige Spannung innerhalb des Laufrades ist nun aus dem Gleichgewicht geraten. Ein Teil der Speichen hat sich mehr oder weniger stark gelockert. Das sind die Folgen:
1. Der Rundlauf des Rades ist nicht mehr optimal: Die Felge beult sich an allen Stellen, an denen sich lockere Speichen befinden, nach außen.
2. Je nach Stärke des Achters schleift die Felge bei jeder Umdrehung am Bremsgummi und sorgt so für eine ungewollte Verzögerung.
3. Der unruhige Lauf des Speichenrades wirkt sich auch auf das gesamte Fahrverhalten des Bikes aus: Bei hohem Tempo kann der Bike-Rahmen durch die Schwingungen des Laufrades zum Flattern gebracht werden. Unerwünschte Folge: ein unsicheres Fahrgefühl und möglicherweise ein Sturz.
4. Die Bremsen sprechen nur noch ruckartig an und lassen sich schwerer dosieren.
5. Im Extremfall kann das ganze Laufrad bei starker Belastung – zum Beispiel durch einen Sprung – plötzlich zusammenbrechen.

Damit es gar nicht erst so weit kommt, sollten Sie folgende Grundregeln beachten:

● Untersuchen Sie in regelmäßigen Abständen den Rundlauf Ihrer Räder: Dazu stellen Sie Ihr Bike am besten auf den Kopf und peilen zwischen Bremsgummis und Felge, ob der Abstand zwischen beiden stets gleich bleibt.

● Überprüfen Sie, ob alle Speichen ungefähr gleich stark gespannt sind – beim Hinterrad: alle Speichen jeweils einer Seite. Dazu können Sie die Speichen paarweise zusammendrücken oder – was raffinierter und genauer ist – mit einem Schraubenzieher oder Inbusschlüssel jeweils kurz anschlagen. Der Clou: Speichen mit gleicher Spannung erzeugen auch den gleichen Klang – wie eine Gitarrensaite. So finden Sie auf Anhieb die lockeren Drahtstäbe heraus.

● Ziehen Sie lockere Speichen sofort nach.

Mit wenigen Handgriffen können Sie die Laufräder Ihres Bikes nun wieder in die richtige Form bringen.

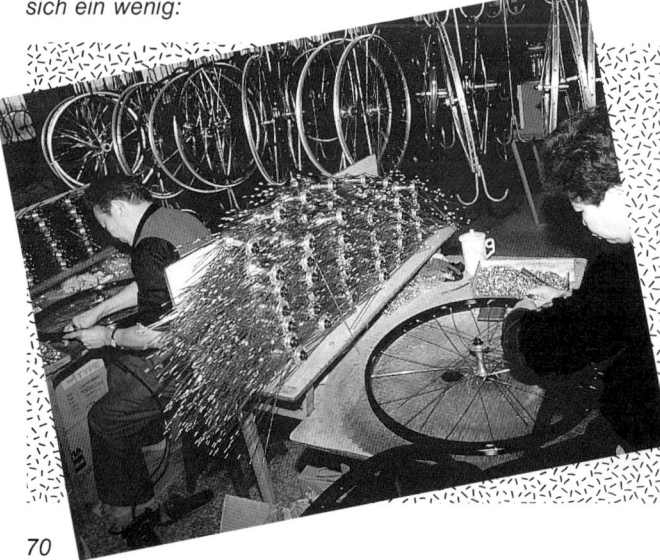

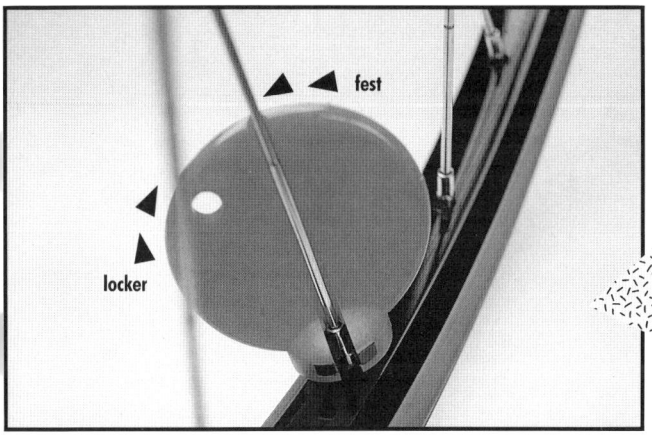

So finden Sie den richtigen Dreh: Um eine lockere Speiche anzuziehen, müssen Sie den Nippel mit dem Nippelspanner links herum drehen, also entgegen dem Uhrzeigersinn. Eine zu fest angezogene Speiche lockern Sie, indem Sie den Nippel rechts herum — im Uhrzeigersinn — drehen.

So korrigieren Sie einen Seitenschlag: Stellen Sie zunächst Ihre Bremse so eng, daß die Felge gerade eben noch mit der Stelle, die sich nach außen beult, die Bremsgummis passieren kann. Ziehen Sie nun vorsichtig — am besten zunächst mit einer Viertelumdrehung — alle Speichen an, die der Stelle mit dem Seitenschlag gegenüberliegen. Beult sich die Felge zum Beispiel nach rechts, ziehen Sie alle linken Speichen an, die in Höhe des Seitenschlages liegen. Wenn der Schlag jetzt noch nicht vollständig beseitigt ist, spannen Sie vorsichtig alle betreffenden Speichen eine weitere Viertelumdrehung nach.

10

So beseitigen Sie einen Höhenschlag: Wenn sich Ihre Felge nicht seitlich, sondern in der Höhe ausbeult, spricht man von einem Höhenschlag. Auch hier können Sie im Handumdrehen für Abhilfe sorgen: Ziehen Sie diesmal alle — also linke und rechte — Speichen an, die sich über den Bereich der Ausbuchtung erstrecken. Fangen Sie auch hier zunächst mit Viertelumdrehungen an, sonst schießen Sie schnell übers Ziel hinaus.

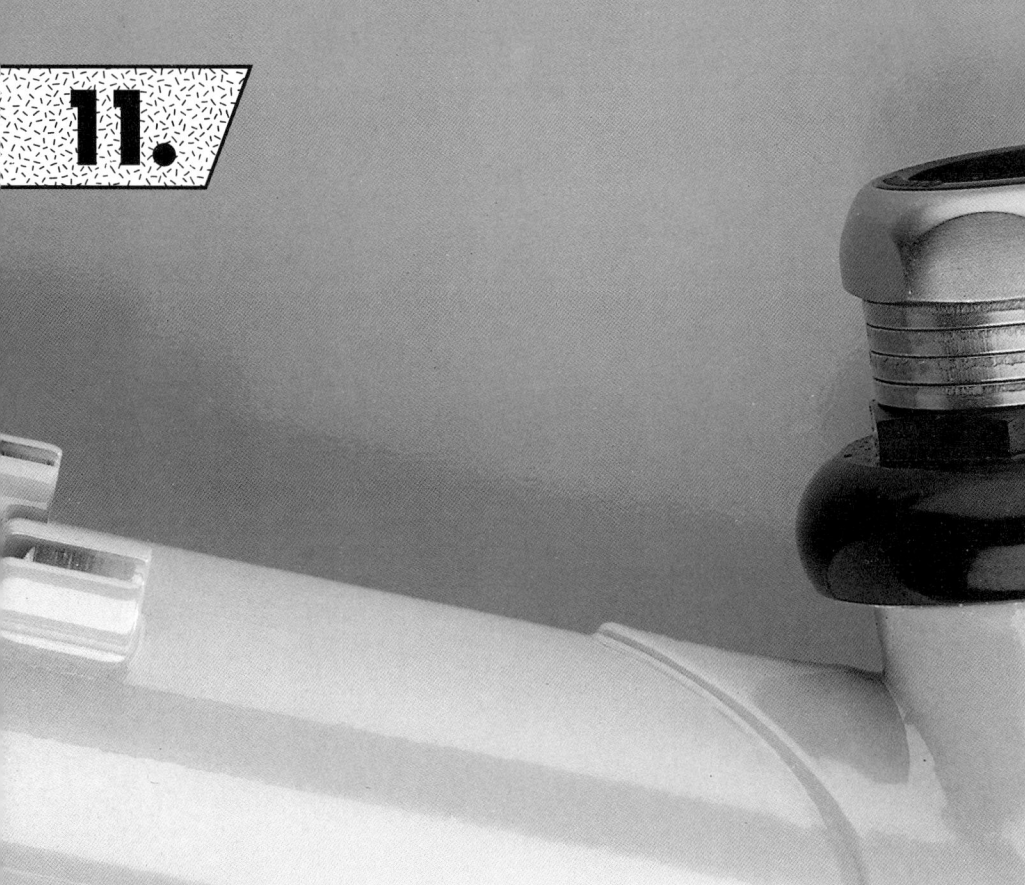

11.

LENKKOPFLAGER EINSTELLEN

Eine halbe Umdrehung zuwenig ist meist schon zuviel: Ein lockeres Lenkkopflager wird im harten Offroad-Einsatz nach kurzer Zeit zur knirschenden Kugelmühle und bringt Wackelpeter in die Fahreigenschaften.

11

Nur erfahrene Biker spüren es auf Anhieb: Zunächst ändert sich das Lenkverhalten. Beinahe unmerklich wird es erst leichtgängiger, dann nervöser les, kaum spürbares Spiel. Daß sich dieses geringe, meist unschädliche Lagerspiel oft binnen weniger Tage erheblich vergrößert, liegt an

Die harte Landung nach einem Sprung schlägt voll auf den Steuersatz durch.

und zum Schluß hakelig und mit einer deutlichen Tendenz, in bestimmten Stellungen einzurasten. Gleichzeitig beginnt die Gabel, jeden Bremsvorgang mit einem leichten Ruck zu begleiten und auf holprigen Abfahrten spürbar vor und zurück zu springen. Für fortgeschrittene Bike-Freaks ist die Sache klar: Der Steuersatz hat sich gelockert.
Was sind die Ursachen? Schlechte Montage? Mieses Material? Weder noch: Wie jedes neue Teil am Bike muß sich auch der Steuersatz erst an seine Aufgabe gewöhnen:
1. Die Lagerschalen passen sich noch etwas an ihren Sitz im Steuerrohr und auf dem Gabelschaft an.
2. Die Kugelringe graben sich während der ersten Geländetouren eine Laufbahn in die Lagerschalen.
Nun hat der Steuersatz möglicherweise schon ein minima-

den großen, für ein Kugellager ganz untypischen Belastungen des Steuersatzes: Im Gegensatz zu allen anderen Lagern am Bike machen die Kugelringe des Steuersatzes nicht ständig die Runde, sondern pendeln entsprechend dem Lenkausschlag immer nur ein kurzes Stückchen nach links und rechts.
Alle harten Stöße während einer Offroad-Tour treffen nahezu ungedämpft auf den Steuersatz. Dabei treffen die Schläge fast immer auf die gleichen Kugeln und die gleichen Abschnitte der Lager-Laufflächen. Die Folge: Einzelne Kugeln werden förmlich in die Laufbahnen hineingeschlagen und bilden dort nach einiger Zeit kleine Mulden. Durch diese Tortur vergrößert sich erneut das Lagerspiel – diesmal schon mit spürbaren Auswirkungen:
1. Gabel und Lenkung lassen

sich im Steuerrohr hin- und herbewegen. Dadurch leidet die Lenkpräzision und das gesamte Fahrverhalten: Man muß den Lenker mit Nachdruck in die gewünschte Position drücken, und besonders bergab führt die lockere Verbindung von Gabel und Rahmen zu heftigen, unkontrollierbaren Schlägen und einem unsicheren Fahrgefühl.
2. Die Kugelringe werden durch den lockeren Sitz zwischen den Lagerschalen ständig aus ihrer vorgesehenen Lage gedrückt und dadurch erheblich stärker belastet. Im Extremfall können die Kugelringe oder einzelne Kugeln zerbrechen und die Lagerlaufbahnen in kürzester Zeit schwer beschädigen.
3. Die lockeren Lagerschalen beschädigen oft schon nach kurzer Zeit die Gummi-Dichtringe, die das Eindringen von Wasser und Schmutz verhindern sollen.
4. Die Kontermutter des Steuersatzes kann sich jetzt unter ungünstigen Umständen vollständig lösen. Die möglichen Folgen: ein irreparabler Schaden am Steuersatz und im schlimmsten Falle ein Sturz. Damit es gar nicht erst so weit kommt, sollten Sie in regelmäßigen, kurzen Abständen den festen Sitz Ihres Steuersatzes überprüfen. Das ist kinderleicht, und man kann es im Handumdrehen vor jedem Ausritt tun.
Einen lockeren Steuersatz sollten Sie auf jeden Fall so schnell wie möglich wieder festziehen – notfalls provisorisch mit der Hand, falls sich die Lagerschalen ausgerechnet während der Wochenendtour lösen.

So überprüfen Sie den festen Sitz des Steuersatzes: Ziehen Sie die Vorderbremse fest an und versuchen Sie dabei, Ihr Bike ruckartig vor- und zurückzubewegen. Beobachten Sie jetzt genau, ob sich die Lagerschalen des Steuersatzes gegeneinander verschieben lassen. Bei einem lockeren Steuersatz können Sie eine leichte Bewegung der Lagerschalen am Dichtungsspalt erkennen und sogar bis in den Lenker hinein spüren. Meist hören Sie dabei auch noch ein leises, metallisches Knacken.

So justieren Sie den Steuersatz richtig: Drehen Sie die obere Lagerschale vorsichtig so fest, daß beide Lager kein Spiel mehr aufweisen, die Gabel sich aber noch leicht und ohne Ruckeln drehen läßt. Halten Sie nun die Lagerschale mit einem 32er Gabelschlüssel (Oversize-Steuersätze mit einem 35er oder 40er) in der betreffenden Position fest. Um den Steuersatz dauerhaft zu fixieren, müssen Sie jetzt mit einem zweiten Gabelschlüssel die Kontermutter fest gegen die obere Lagerschale drehen. Achten Sie bitte unbedingt darauf, daß sich dabei die Lagerschale nicht weiter mitdreht.

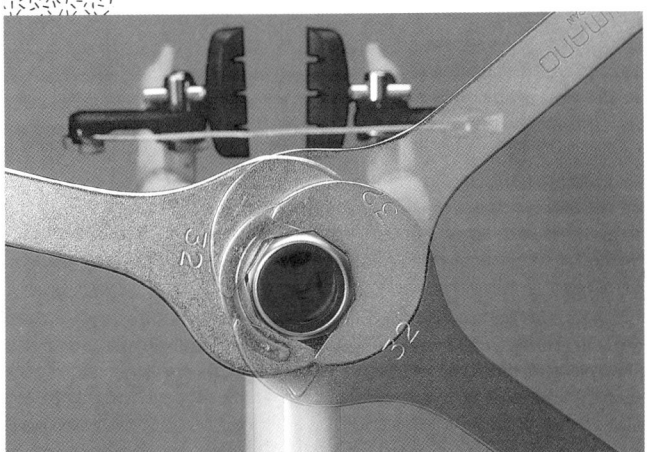

11

So überprüfen Sie die korrekte Justage des Steuersatzes: Für ein sicheres und leichtgängiges Lenkverhalten ist es sehr wichtig, daß der Steuersatz zwar ohne Spiel, aber auch nicht zu fest eingestellt ist. Heben Sie Ihr Bike vorne etwas an und bringen Sie den Lenker in die Mittelposition. Sie haben das Lenkkopflager optimal justiert, wenn der Lenker nun schon bei einem leichten, seitlichen Antippen aus der Mittelposition in die Schräglage kippt. Sie müssen den Steuersatz noch etwas lockern, wenn der Lenker nur wenige Zentimeter seitlich abkippt und dann einrastet.

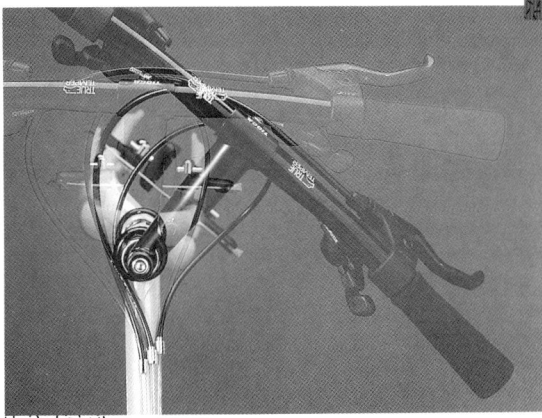

JUSTAGE
UND WARTUNG
DES TRETLAGERS

Im Wiegetritt bergauf, im Stehen bergab, dazwischen ein paar Sprünge: Kein Teil am Bike spürt die Last des Fahrers so direkt wie das Tretlager. Damit Sie es noch lange mit Füßen traktieren können, stehen hier alle wichtigen Pflegetips.

12

Der Tod kommt meist auf leisen Sohlen: Es beginnt mit einem leichten Knirschen, ganz fein nur, unhörbar und schon gar nicht zu spüren. Dann wird es ein heftiges Mahlen, geräuschvoll, knirschend und den Tritten widerstrebend. Das Ende ist furios: ein lautes Krachen und die endgültige Blockade der Drehbewegung. Lagerschaden – Ende der Dienstfahrt. Oft tritt so ein Defekt unterwegs nicht auf, aber selbst einmal ist ärgerlich und teuer genug. Dabei ist es ganz einfach, durch regelmäßige Kontrollen einem Schaden vorzubeugen.

Das Tretlager ist ein echter Prügelknabe: Das Vorderrad schleudert ihm permanent Dreck und Feuchtigkeit entgegen, der Fahrer belastet Welle und Kugellager ständig mit hohen Gewichtskräften, und zu allem Überfluß gelangt durch das Sitzrohr im Lauf der Zeit eine Menge an Dreck und Rost in den Maschinenraum. Kein Wunder, daß die Drehzentrale von Zeit zu Zeit an eine Arbeitsniederlegung denkt. Dabei haben die Tretlager-Produzenten ihm schon auf dem Reißbrett eine Menge an Standfestigkeit in die Wiege gelegt: Die Welle besteht in den meisten Fällen aus extrem belastbarem Chrom-Molyb-

Das Fahren im Wiegetritt belastet das Tretlager stark.

nach innen und außen – durch Lippendichtringe und eine Schutzhülse – hält es darüber hinaus weitgehend wartungsfrei.
Damit Sie nicht doch eines Tages Sand ins Getriebe bekommen, beachten Sie bitte

dän-Stahl. Die Lagerschalen und Kugeln sind großzügig dimensioniert, um selbst ungewöhnlichen Gewichts- und Biegekräften gewachsen zu sein. Die Laufflächen des Lagers sind gehärtet, damit sich die Kugeln nicht im Laufe der Zeit eine Bahn graben können und somit die korrekte Justage verändern. Durch die Verwendung hochwertiger Materialien und die üppigen Abmessungen aller Bauteile hat das größte aller Bike-Lager normalerweise das ewige Leben.
Eine sorgfältige Abdichtung

die nebenstehenden Kästen. Dort finden Sie alle wichtigen Tips für die Kontrolle, die Justage und das Zerlegen des Tretlagers.
Falls Ihr Bike serienmäßig bereits ein Rillen- oder Patronenlager enthält (Fisher, Klein, Merlin etc.), brauchen Sie keine regelmäßigen Kontrollen durchführen. Rillen- und Patronenlager sind praktisch unbegrenzt haltbar und darüber hinaus wartungsfrei. Bei einem Defekt kann es nur komplett ausgetauscht werden. Das nötige Spezialwerkzeug und komplette Ersatzlager hat der Händler oder der Importeur.

So überprüfen Sie die korrekte Justage des Tretlagers

Die folgenden Prüfungen sollten Sie in regelmäßigen Abständen durchführen:

● Vergewissern Sie sich, daß alle Muttern am Tretlager fest angezogen sind. Lockere Kettenblätter und vor allem lockere Tretkurbeln können ähnlich knarrende Geräusche verursachen wie ein falsch justiertes Lager. Ziehen Sie die Inbusschrauben an den Kettenblättern vorsichtig, die beiden Muttern an den Kurbeln aber sehr stark an. Achten Sie auch auf den festen Sitz der Pedale.

● Stellen Sie nun eine Tretkurbel parallel zur Kettenstrebe. Versuchen Sie, die Kurbel in dieser Stellung seitlich hin und her zu rukkeln. Falls Sie dabei ein Spiel feststellen, muß das Lager nachgestellt werden. Es ist zu locker.

● Nehmen Sie die Kette vom Kettenblatt herunter. Drehen Sie nun langsam die Tretkurbeln und achten Sie dabei auf den leichten, geschmeidigen Lauf des Lagers. Lassen sich die Kurbeln nur schwer drehen, rukkeln und mahlen die Kugelringe, muß das Lager ebenfalls nachgestellt werden. Es ist zu fest angezogen.

So korrigieren Sie die Tretlagerjustage

Ein zu locker oder zu fest eingestelltes Lager muß unverzüglich neu eingestellt werden. Verwenden Sie dazu auf jeden Fall einen passenden Schlüsselsatz und keinesfalls eine Rohrzange.

● Lösen Sie die Befestigungsmutter der linken Tretkurbel.

● Ziehen Sie die linke Tretkurbel mit einem entsprechenden Kurbelwerkzeug ab.

● Lösen Sie vorsichtig den Konterring der Lagerschale (Lösen = entgegen dem Uhrzeigersinn).

● Drehen Sie die Lagerschale mit dem passenden Tretlagerwerkzeug vorsichtig weiter hinein (fester) oder heraus (lockerer). In den meisten Fällen genügt eine Viertelumdrehung.

● Halten Sie die Lagerschale in der entsprechenden Position fest und drehen Sie den Konterring mit Kraft dagegen.

● Ziehen Sie die Tretkurbel wieder auf und überprüfen Sie das korrekte Lagerspiel (siehe Kasten I).

So zerlegen Sie das Tretlager

Falls Sie nicht sicher sind, ob die falsche Lagereinstellung nicht bereits zu Schäden geführt hat, sollten Sie auf jeden Fall das Lager zerlegen. Benutzen Sie auch dazu nur das passende Spezialwerkzeug. Beachten Sie darüber hinaus die allgemeinen Hinweise zum Umgang mit Lagern und zur Verwendung von Pflegemitteln (Kapitel 6).

● Ziehen Sie beide Tretkurbeln ab.

● Lösen Sie den Konterring der linken Lagerschale und drehen Sie dann die linke Schale komplett heraus. Die rechte Lagerschale lassen Sie bitte völlig unberührt.

● Ziehen Sie die Welle und den linken Kugelring aus dem Rahmen. Merken Sie sich unbedingt die Lage des Kugelrings.

● Mit dem Finger können Sie auch den rechten Kugelring aus dem Gehäuse ziehen.

● Reinigen Sie die Kugelringe und die Lagerschalen mit einem sauberen Tuch. Betrachten Sie die Lagerlaufflächen und die Kugeloberfläche. Bei sichtbaren Unregelmäßigkeiten müssen Sie unbedingt alle betroffenen Teile auswechseln.

● Fetten Sie die Lagerschalen und Kugelringe großzügig ein. Reinigen und fetten Sie auch das Gewinde am Rahmen und an der Lagerschale.

● Bauen Sie das Lager wieder ein. Vergessen Sie nicht die Schutzhülse, die das Sitzrohr abdichtet.

● Ziehen Sie die linke Lagerschale und den Konterring vorsichtig fest. Prüfen Sie nun die korrekte Justage und montieren Sie abschließend die beiden Tretkurbeln.

12

13.

JUSTAGE UND WARTUNG DER NABEN

Selbst die beste Dichtung kann es nicht verhindern: Staub, Schmutz und Wasser ruinieren ein Nabenlager in kurzer Zeit — wenn es nicht optimal gewartet ist. Für leichten Lauf und ein langes Leben genügen meist schon wenige Handgriffe. Hier finden Sie alle wichtigen Tips.

Sie sind ein buntes Völkchen: Naben gibt's wie Sand am Meer. Hochflanschnaben, Niederflanschnaben, Naben aus Alu und aus Kunststoff, mit breiten und schmalen Achsen, mit Achsen aus Stahl und Achsen aus Alu, mutternbefestigt oder mit Schnellspannern. Natürlich in vielen Farben, mit ganz unterschiedlichen Speichenbohrungen, raffiniert gelagert – oder auch ganz einfach. Kaum ein Teil am Bike ist so variantenreich, so stark belastet – und doch so stabil. Jede Nabe ist ein kleines Wunderwerk.

Wunder Nummer eins: die Nabenflansche. Sie sind durchbohrt wie ein Schweizer Käse – auf jeder Seite 16 oder 18 Löcher. Das Laufrad bringt dabei über seine 32 oder 36 Speichen einen enormen Zug auf die Flansche. Im Extremfall mehrere Tonnen stark. Bei jeder Radumdrehung werden die Flansche zusätzlich durch Gewichts-, Flieh- und Kreiselkräfte gemartert – ohne Erfolg. Wenn Speichen aus Überlastung aus dem Leben scheiden, nimmt das die Nabe nicht mal wahr. Nur eines nimmt sie übel: radiale Einspeichung. Besonders leicht gebaute Exemplare können den direkten Zug nicht ertragen – der Flansch bricht aus, die Nabe ist hin.

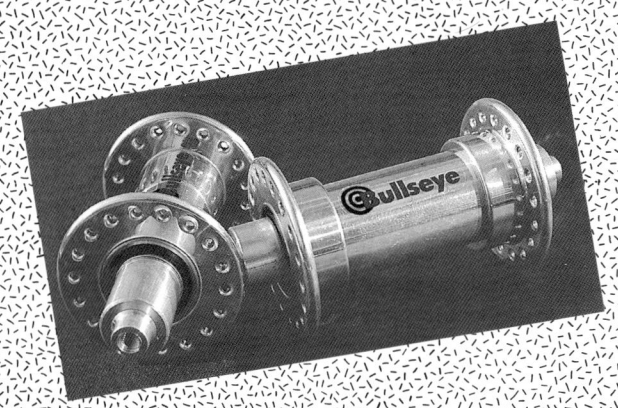

So überprüfen und korrigieren Sie die Einstellung einer konengelagerten Nabe

Die meisten Mountain Bikes fahren auf Naben mit herkömmlichen Konenlagern (Beispiel: alle Shimano-Naben).

● Bauen Sie das Vorder- bzw. Hinterrad aus und entfernen Sie den Schnellspanner.

● Halten Sie das Laufrad gut fest und versuchen Sie, die Achse an einem Ende seitlich hin und her zu rukkeln. Falls das möglich ist, hat das Lager zu viel Spiel.

● Drehen Sie die Achse vor- und rückwärts. Falls Sie dabei unverhältnismäßig viel Kraft aufwenden müssen und die Kugeln scheinbar ständig einrasten, hat das Lager zu wenig Spiel.

● Zur Korrektur des Lagerspiels benötigen Sie auf jeden Fall einen passenden Satz Konusschlüssel. Meist sind es die Kombinationen 13/14 oder 14/15. Verwen-

den Sie nur hochwertiges Werkzeug, zum Beispiel von Park Tool.

● Halten Sie auf einer Seite der Nabe den Konus mit dem passenden Schlüssel fest. Lösen Sie mit einem zweiten Schlüssel die Kontermutter. Klemmen Sie sich dabei nicht die Finger ein!

● Nun können Sie den Konus weiter hineindrehen (geringeres Spiel) oder herausschrauben (größeres Spiel). Kontern Sie vorsichtig.

● Überprüfen Sie erneut das Lagerspiel. Falls es stimmt, ziehen Sie die Kontermutter endgültig fest. Achten Sie darauf, daß sich der Konus dabei nicht mitdreht.

Ein Tip: Stellen Sie das Spiel nicht zu gering ein, da das Lager noch seitlich unter Druck steht.

Wunder Nummer zwei: die Achsen. Wer besonders starke will, bohrt ein Loch hindurch. Erstaunlicherweise sind Naben mit Hohlachsen und Schnellspannern erheblich belastbarer als Modelle mit Vollachsen. Wie kann das sein? Ganz einfach: Durchbohrte Achsen haben nur etwa ein Drittel weniger Material als Vollachsen. Der geringe Materialverlust wird durch einen simplen Kniff jedoch mehr als ausgeglichen: Die Befestigung mit einem Schnellspanner setzt die Achse seitlich unter Druck. Dieser Druck wirkt praktisch als Vorspannung. Vorspannung erhöht die Stabilität jeder Konstruktion, ob es nun Achsen, Segelma-

verwenden. Neben der erhöhten Stabilität haben sie auch noch einen weiteren Vorteil: Sollte die Achse tatsächlich einmal brechen, wird sie in der Regel vom Schnellspanner noch so gut beieinander gehalten, daß man zumindest bis nach Hause kommt. Wunder Nummer drei: die Lager. Ob Konen- oder Rillenlager – beide führen ein schweres Leben. Sie bekommen alles mit, was der harte Offroad-Alltag an Strapazen bereithalten kann: Nässe, Schmutz, harte Schläge, Biege- und Gewichtslasten, und zu guter Letzt noch reichlich Druck von der Seite. Damit sie den Härten des Biker-Lebens auf Dauer gewachsen

Holprige, staubige Schotterpisten sind ein Härtetest für jedes Nabenlager.

sten oder gigantische Brücken sind. Besonders schwere Biker oder echte Rennfreaks sind also gut beraten, Naben mit Schnellspannachsen zu

sind, benötigen sie von Zeit zu Zeit eine Fettkur und die regelmäßige Kontrolle des Lagerspiels. Wie's gemacht wird? Siehe Kasten.

13

14. ÜBERSETZUNGS-TUNING: SO BERECHNEN SIE DIE OPTIMALE ÜBERSETZUNG

Davon träumt jeder: Bergauf leichter und bergab schneller. Meist jedoch können die Standard-Übersetzungen an Serienbikes die engagierten Offroad-Fans nicht begeistern. Am Berg muß man immer noch zu schwer treten, und für eine kernige Tour ist die Bandbreite der Gänge einfach zu klein. Hier sind alle Tips, wie man sich die optimale Übersetzung zusammenstellt.

Genug ist genug: Drei Kettenblätter vorn, sieben Ritzel hinten – das ergibt immerhin 21 Gänge. Da sollte doch eigentlich für jeden Einsatzbereich die richtige Getriebestufe zu finden sein – oder etwa nicht? Auf dem Papier reichen 21 Gänge natürlich locker aus, um selbst schwierigste Offroad-Passagen unter die Stollen zu bringen. Aber dennoch: In der Praxis sind viele engagierte Biker mit den Möglichkeiten ihres Gelände-Getriebes nicht zufrieden. Der Grund: Gerade in extremen Situationen – steil bergauf oder schnell bergab – fehlen oft die entscheidenden zwei bis vier Zähne, die das Treten leichter und effektiver machen können. Also braucht man doch noch mehr Gänge – 24 oder vielleicht sogar 32? Klare Antwort: in den allermeisten Fällen nicht.

Vielen unzufriedenen Bikern wäre mit einer einfachen und relativ preiswerten Modifikation ihrer Getriebe-Übersetzung viel besser geholfen – vor allem mit der richtigen Abstufung. Hier liegt es bei vielen Standard-Übersetzungen an Serienbikes im argen: Etliche Hersteller scheinen ihre Offroader in erster Linie

danach auszustatten, welche Ritzel- und Kettenblatt-Kombinationen auf dem Markt zufällig gerade lieferbar sind oder vielleicht sogar als günstiges Sonderangebot vom Komponenten-Multi zu haben sind. Besonders deutlich wird die lieblose Komponentenwahl in den Einsteiger-Preisklassen: Hier findet man noch sehr häufig die schwache 28/28-Übersetzung, mit der fast jeder Anfänger seine liebe Not hat, überhaupt aus der Tiefgarage herauszukommen. Der ratlose Neuling schiebt's auf seine schlechte Kondition – und verliert den Spaß am Biken. Neben der schwachen Bergübersetzung sorgen vor allem zwei weitere Mangel-Erscheinungen für Verdruß unter den Bike-Freaks:

14

● Ein zu leichter „Schnellgang", der schon bei geringem Gefälle zu enormen Trittfrequenzen führt. Hier hat jeder Biker schon nach kurzer Downhill-Fahrt unversehens das Gefühl, plötzlich in den Leerlauf geraten zu sein: Er tritt ins Leere.

● Eine ungeschickte Abstufung zwischen den Gängen: Hier gibt es häufig zu große oder zu kleine Sprünge zwischen zwei benachbarten Gängen ein „großer Puffer" für lange Gefällstrecken und eine harmonische – weder zu enge noch zu weite – Abstufung aller Gänge zwischen diesen beiden Extremen.

Hier kommt nun kein Ritzel-Tüftler um ein wenig Forschungsarbeit herum. Die optimale Übersetzung an sich kann es natürlich nicht geben – zu viele individuelle Faktoren bestimmen die richtige

Optimum finden.

Wichtige Prüfpunkte sind dabei:

● Die eigene Kraft und Ausdauer

● Die Vorliebe für hohe oder niedrige Trittfrequenzen

● Die Beschaffenheit des heimischen Bike-Reviers, besonders der Anteil oder die Zusammensetzung von flachen und steilen Passagen. Ganz klar: Wer sein Bike ausschließlich dazu nutzt, auf dem Deich bei Padingbüttel spazierenzufahren, braucht keinen bärigen 24/32er Berggang. Besser wäre da schon, die großen Gänge schön eng abzustufen – damit man bei einem steifen Nordwest so richtig Dampf machen kann.

● Das individuelle Trainingsziel: Der eine mag die gemütliche Entspannungs-Tour, ein anderer trainiert täglich für die Wahl zum Mister Oberschenkel – beide brauchen sicherlich eine völlig unterschiedliche Übersetzung.

● Letztlich: Den universellen Einsatzbereich des Bikes sollte man nicht außer Betracht lassen. Die Einkaufstour nach Feierabend, der Wochenend-Ausflug mit Kindersitz und Picknickkorb, oder vielleicht sogar die große Urlaubstour mit Zelt und Marschgepäck erfordern eine ganz andere Getriebe-Abstufung als die Solofahrt durch den benachbarten Wald.

schen zwei benachbarten Gängen. Der Effekt: Entweder man spürt fast keine Veränderung, oder sie ist gleich so groß, daß man erst einmal aus dem Tritt gerät (Beispiel: 13–14 oder 13–17).

Wichtig für eine optimale Getriebe-Abstufung sind also neben dem ausreichend leichten Berggang ein „großer Puf-

Getriebe-Wahl. Wer aber sorgfältig seine eigenen Bedürfnisse in Betracht zieht und daraufhin den Ritzelwald für seine Spaßmaschine durchforstet, kann wahrscheinlich ohne großen zeitlichen und finanziellen Aufwand sein persönliches Übersetzungs-

Neben der Bewertung dieser Gesichtspunkte ist es meist sehr hilfreich, einfach einmal ein paar Runden um die heimische Teststrecke zu drehen und sich dabei gründlich zu überlegen, ob der jeweils eingelegte Gang wirklich ausreichend oder vielleicht doch ein

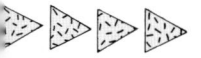

KETTENBLÄTTER VORNE
ANZAHL DER ZÄHNE

Hersteller	klein	mittel	groß
Sugino, rund Preis: pro Zahn eine Mark	24, 26, 28, 30	32, 34, 36, 38, 40	42, 44, 46, 48, 50, 52, 53, 54
Suntour, rund Preis: 32 bis 65 DM	24, 26	36, 38	46, 48
Shimano Biopace Preis: 36 bis 70 DM	26, 28	36, 38	46, 48
Shimano, rund Preis: 36 bis 70 DM	24, 28	36, 38	46, 48
Ninja, rund, Edelstahl Preis: 30 DM	24, 26, 28		
Onza, rund Preis: 60 bis 80 DM	24, 26	34, 36	

bißchen zu schwer oder zu leicht ist. Hierbei findet man relativ schnell alle etwa vorhandenen Zahnlücken.
Fast alle Lücken in der Getriebeabstufung kann man in der Regel für wenige Mark stopfen: Das Angebot an Ritzeln und Kettenblättern ist sehr groß und deckt nahezu jeden Einsatzbereich ab. Da der Ritzel-Markt relativ unübersichtlich ist und oft weder Hersteller noch Händler erschöpfend über alle Möglichkeiten Auskunft geben können, hier ein Überblick über alle erhältlichen Ritzel- und Kettenblatt-Abstufungen für die gängigen Marken.
Wer seine hintere Übersetzung verändern möchte, muß sich zunächst einmal genau die Bauart seiner Nabe anschauen: Ältere Bikes mit Suntour-Ausstattung, preiswerte Einsteiger-Modelle mit bunt gemischten Taiwan-Komponenten und viele teure Edel-

RITZEL HINTEN
PAKETE UND KOMBINATIONEN
VON SHIMANO UND SUNTOUR

Shimano Hyperglide Kassette Sieben Gänge Preis: 31 bis 46 Mark	12–28	14–32	13–30	13–34	13–21	13–23	13–26	13–28	12–21
	12	14	13	13	13	13	13	13	12
	14	16	15	15	14	14	15	15	13
	16	18	17	17	15	15	17	17	14
	18	21	20	20	16	17	19	19	15
	21	24	23	24	17	19	21	21	17
	24	28	26	29	19	21	23	24	19
	28	32	30	34	21	23	26	28	21

Shimano Hyperglide Schraubkranz Sechs Gänge Preis: 23 bis 27 Mark	14–24		14–28		14–32		
	14		14		14		
	16		16		17		
	18		18		20		
	20		21		24		
	22		24		28		
	24		28		32		

Suntour Kassetten Sieben Gänge Preis: 45 Mark	12–28	13–28	12–30	13–30	13–32
	Alle Ritzel sind auch einzeln erhältlich. Abstufung: 12, 13, 14, 15, 16, 17, 18, 19, 20, 21, 22, 23, 24, 26, 28, 30, 32				

Suntour Schraubkränze Preis: 80 Mark	Schraubkränze gibt es in denselben Abstufungen wie die Suntour-Kassetten. Zusätzlich gibt es ein 25er Ritzel.

Renner mit US-Parts kommen oft mit Schraubkranz-Naben. Bei diesem Nabentyp bilden Ritzel und Freilauf eine Zahnkranz-Einheit, die komplett auf den Nabenkörper aufgeschraubt wird. Diese Nabenbauart hat für den harten Offroad-Betrieb einen konstruktionsbedingten Nachteil: Um Platz für den Schraubkranz zu schaffen, muß die rechte Lagerung sehr weit nach innen – in Richtung Nabenmitte – wandern. Durch diese ungünstige Lagerposition unterliegt die Nabenachse einer erhöhten Biegebelastung, die im Extremfall sogar zum Bruch führen kann. Dafür haben Schraubkranz-Naben aber einen Vorteil, der für viele Kenner das Manko der hohen Biegebelastung bei weitem wettmacht: Für sie gibt es ein nahezu unerschöpfliches Zahnkranzangebot.

Die gängigsten Schraubkranznaben kommen von Suntour (zum Beispiel die XC 9000), Campagnolo, Mavic, Bullseye, American Classic und WTB, hin und wieder sieht man aber auch Modelle von Sansin, Suzue, Maxi Car, Ofmega, Maillard oder Weco. Für alle diese Naben gibt es passende Schraubkränze in vielen Qualitäten, allen denkbaren Abstufungen und Breiten, poliert, gedichtet, aufwendig gelagert, in leichtem Aluminium oder verschleißfestem Stahl. Die wichtigsten Anbieter sind Suntour, Shimano (Rennrad-Serien), Campagnolo, Regina, Sachs-Maillard und Marchisio.

Wichtig: Messen Sie vor dem Kauf unbedingt die Abstände zwischen den einzelnen Ritzeln. Es gibt häufig zwei verschiedene Kranzversionen – Normal und Compact –, die sich auf den ersten Blick in der Breite kaum unterscheiden, aber später beim Schalten für Probleme sorgen können. Ein sehr breites Angebot der oben genannten Schraubkränze führt der Frankfurter Großversender Brügelmann – hier kann sich jeder Biker seine Wunschübersetzung auch selbst zusammenstellen – Ritzel für Ritzel.

Schlechte Nachrichten gibt es allerdings für alle Nabenbesitzer, die ihr Schraubkranz-Teil mit Hyperglide kombinieren wollen: Shimano bietet nur

Achse gelagert werden, die Gewichtsbelastung verteilt sich gleichmäßiger und die Achs-Durchbiegung ist geringer. Verbogene oder gebrochene Achsen kommen bei Kassettennaben viel seltener vor. Gerade für schwergewichtige oder besonders draufgängerische Biker bietet die Kassettennabe somit eine deutlich höhere Stabilität als konventionelle Schraubkranznaben. Damit sich zur hohen Belastbarkeit der Kassettennabe auch die entsprechende Reichweite im Gelände gesellt, bietet Shimano in diesem Jahr immerhin neun verschiedene Hyperglide-Pakete an. Leider hat man hier nur die Möglichkeit, eine komplette Kassette mit allen sieben Ritzeln zu kaufen, einzelne Ritzel

drei verschiedene Hyperglide-Kränze zum Aufschrauben an, alle drei leider auch nur in der antiquierten 6fach-Version. Wer eine größere Auswahl sucht, muß auf Shimanos Rennrad-Serien Ultegra und Dura Ace zurückgreifen – und notgedrungen auf Hyperglide verzichten.
Ein deutlich größeres Hyperglide-Angebot erwartet alle Offroad-Freaks, die mit einer Kassettennabe von Shimano durchs Gelände bolzen. Immerhin: Von der billigen 200-GS-Serie bis zu den teuren Deore-XT-Edelteilen rüstet Shimano ohne Ausnahme alle Offroad-Gruppen mit diesem Nabentyp aus. Der entscheidende Vorteil der Kassettennabe: Im Gegensatz zum Schraubkranz-Modell bilden hier Nabenkörper und Freilauf eine Einheit. Dadurch kann die Nabe weiter außen auf der

BEISPIEL 1: SPORT, ENG ABGESTUFT
VORNE: 24/36/46
HINTEN: 14–32 (SHIMANO HYPERGLIDE)

Übersetzung vorne / hinten	Entfaltung in Metern bei einer Kurbelumdrehung	Geschwindigkeit in Stundenkilometern bei 60 / 80 / 100 Kurbelumdrehungen pro Minute	Abstufung in Prozent zum nächsten Gang
24 / 32	1,5	5,4 / 7,2 / 9,0	14,3
24 / 28	1,71	6,2 / 8,2 / 10,3	16,7
24 / 24	2,0	7,2 / 9,6 / 12,0	14,3
24 / 21	2,29	8,2 / 11,0 / 13,7	12,5
36 / 28	2,57	9,3 / 12,3 / 15,4	16,7
36 / 24	3,0	10,8 / 14,4 / 18,0	14,3
36 / 21	3,43	12,3 / 16,5 / 20,6	16,7
36 / 18	4,0	14,4 / 19,2 / 24,0	12,5
36 / 16	4,5	16,2 / 21,6 / 27,0	-2,6
46 / 21	4,38	15,8 / 21,0 / 26,3	16,7
46 / 18	5,11	18,4 / 24,5 / 30,7	12,5
46 / 16	5,75	20,7 / 27,6 / 34,5	14,3
46 / 14	6,57	23,7 / 31,5 / 39,4	

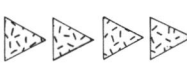

sind nicht erhältlich. Shimano begründet diese Verkaufspolitik damit, daß die jeweiligen Ritzelpakete für den Hyperglide-Effekt genau aufeinander ausgerichtet sein sollen: Die Aussparungen an den Zahnrädern, die das sanfte Klettern der Kette erst ermöglichen, müssen in einem ganz bestimmten Winkel zueinander stehen – sonst kracht's. Wer dennoch kombinieren möchte, muß notgedrungen zwei oder drei Hyperglide-Kassetten kaufen. Hier empfiehlt es sich dann, möglichst nur die beiden kleinsten Ritzel auszutauschen, zum Beispiel 13 und 15 gegen 12 und 14. So kann man sich immerhin eine 12–30 oder sogar 12–32-Übersetzung zusammenbasteln, ohne in wichtigen Gangbereichen auf den Hyperglide-Effekt verzichten zu müssen: Die beiden kleinsten Ritzel lassen sich jetzt zwar nicht mehr völlig geräuschlos schalten, aber diese Gänge legt man in der Praxis ohnehin nicht unter großer Belastung ein.
Für alle Biker, die entweder ältere Shimano-Kassettennaben ohne Hyperglide besit-

zen oder denen die individuelle Ritzelabstufung einfach wichtiger ist als die Möglichkeit, auch unter Last lautlos schalten zu können, bietet sich immerhin folgende Alternative: Aus dem Shimano Rennrad-Programm sind einzelne Ritzel

der Ultegra oder Dura Ace-Reihe erhältlich. Zwischen 12 und 34 Zähnen bekommt man hier nahezu jede denkbare Abstufung – egal ob 6- oder 7fach. Der Verzicht auf Hyperglide bietet neben der großen Variationsbreite auch noch einen weiteren Vorteil: Vielfahrer und Reiseradler können verschlissene Ritzel einzeln austauschen, ohne gleich eine ganze Kassette kaufen zu müssen.
Wesentlich kundenfreundlicher verhält sich in diesem Punkt Shimanos Erzrivale Suntour. Für alle neuen Suntour Kassettennaben gibt es eine Anzahl kompletter Accushift-Plus-Zahnkranzpakete, aber – wer hier nicht seine Wunschkombination findet, kann sich seine optimale Über-

BEISPIEL 2: CITY, HÖHERE GESCHWINDIGKEIT
VORNE: 28/38/48
HINTEN: 12–28 (SHIMANO HYPERGLIDE)

Übersetzung vorne / hinten	Entfaltung in Metern bei einer Kurbelumdrehung	Geschwindigkeit in Stundenkilometern bei 60 / 80 / 100 Kurbelumdrehungen pro Minute	Abstufung in Prozent zum nächsten Gang
28 / 28	2,0	7,2 / 9,6 / 12,0	16,7
28 / 24	2,33	8,4 / 11,2 / 14,0	14,3
28 / 21	2,67	9,6 / 12,8 / 16,0	16,7
28 / 18	3,11	11,2 / 14,9 / 18,7	1,79
38 / 24	3,17	11,4 / 15,2 / 19,0	14,3
38 / 21	3,62	13,0 / 17,4 / 21,7	16,7
38 / 18	4,22	15,2 / 20,3 / 25,3	12,5
38 / 16	4,75	17,1 / 22,8 / 28,5	14,3
38 / 14	5,43	19,5 / 26,1 / 32,6	-1,8
48 / 18	5,33	19,2 / 25,6 / 32,0	12,5
48 / 16	6,0	21,6 / 28,8 / 36,0	14,3
48 / 14	6,86	24,7 / 32,9 / 41,1	16,7
48 / 12	8,0	28,8 / 38,4 / 48,0	

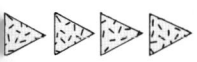

setzung auch selbst zusammenstellen: Alle Kassetten-Ritzel sind auch einzeln erhältlich.
Vollends erfreulich wird das Angebot für alle Bike-Fans, die ihre vordere Übersetzung veränderrn wollen: Alle marktgängigen Bike-Tretlager − Shimano, Suntour, Sugino, Sakae und Campagnolo − haben die gleichen Lochkreis-Dimensionen. Das Resultat: Man kann unabhängig vom Hersteller alle Kettenblätter verwenden, die einem optisch, preislich oder aufgrund des Materials gefallen. So ist es zum Beispiel überhaupt kein Problem, auf eine Shimano-Tretkurbel ein Onza-, ein Sugino- und ein Specialized-Kettenblatt zu montieren: Alle drei passen. Nachrüst-Kettenblätter gibt es in den gebräuchlichsten Abstufungen und mehreren Qualitäten von Shimano und Suntour, besonders hochwertiges Material liefert Campagnolo. Ein preiswertes und weitreichendes Alternativprogramm bringt Sugino, und für alle Freaks, die auch bei Kettenblättern etwas Besonderes wollen, bieten Specialized und Endless die richtigen Zahnscheiben an.
Ein nützlicher Tip: Für das kleinste Kettenblatt empfehlen sich wegen des geringeren Verschleißes die Edelstahl-Versionen von Onza oder Sugino Ninja. Bei den enormen Kräften, die in den kleinen Gängen auf Ritzel und Kettenblatt einwirken, müssen weiche Aluminium-Teile oft schon nach kurzer Zeit die Waffen strecken.
Eine wichtige Frage, die sich viele Schaltungs-Tüftler immer wieder stellen: Kann man die Systeme der verschiedenen Hersteller miteinander kombinieren? Trotz deutlicher Warnungen aller Hersteller, die scheußlichen Produkte der Konkurrenz auf keinen Fall den eigenen Edelteilen zuzumuten − es geht. Viele Freaks in der Rennszene fahren schon lange mit Shimano-Suntour-Kombinationen − und haben keinerlei Probleme. Allerdings gibt es eine kleine Einschränkung: Die große Mehrheit der

BEISPIEL 3: TOUR, GROSSE BANDBREITE
VORNE: 24/36/48
HINTEN: 13−34 (SHIMANO HYPERGLIDE)

Übersetzung vorne / hinten	Entfaltung in Metern bei einer Kurbelumdrehung	Geschwindigkeit in Stundenkilometern bei 60 / 80 / 100 Kurbelumdrehungen pro Minute	Abstufung in Prozent zum nächsten Gang
24 / 34	1,41	5,1 / 6,8 / 8,5	17,2
24 / 29	1,66	6,0 / 7,9 / 9,9	20,8
24 / 24	2,0	7,2 / 9,6 / 12,0	20,0
24 / 20	2,4	8,6 / 11,5 / 14,4	3,45
36 / 29	2,48	8,9 / 11,9 / 14,9	20,8
36 / 24	3,0	10,8 / 14,4 / 18,0	20,0
36 / 20	3,6	13,0 / 17,3 / 21,6	17,6
36 / 17	4,24	15,2 / 20,3 / 25,4	13,3
36 / 15	4,8	17,3 / 23,0 / 28,8	0,0
48 / 20	4,8	17,3 / 23,0 / 28,8	17,6
48 / 17	5,65	20,3 / 27,1 / 33,9	13,3
48 / 15	6,4	23,0 / 30,7 / 38,4	15,4
48 / 13	7,38	26,6 / 35,4 / 44,3	

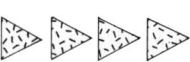

Bastler, die mich regelmäßig um Rat fragen, möchte auf jeden Fall hinten ein Hyperglide-Paket fahren, vorne aber gern ein Hebel-Paar montieren, das etwas präziser zur Sache geht als Shimanos STI-Shifter. Kein Problem: Zur Hyperglide-Kassette passen ohne weiteres zum Beispiel die leichten und deutlicher einrastenden Suntour XC Pro-Schalthebel. Aber Vorsicht: Verwenden Sie sicherheitshalber dazu auch ein passendes Suntour-Schaltwerk. Der Grund: Der Bedienungsweg des Hebels und der Ausrück-

BIKE-ÜBERSETZUNGSTABELLE

Diese Tabelle enthält alle Übersetzungsverhältnisse der in Deutschland erhältlichen Kettenblatt-Ritzel-kombinationen. Die farbigen Felder geben die Übersetzungen an, die wir unten als Beispiel für Sie ausgerechnet haben. Mit Hilfe der Verhältniszahlen und der nebenstehenden Formeln können Sie die Entfaltung und

		Zahl der Zähne der Kettenblätter vorne								
		KLEIN				MITTEL				
		24	26	28	30	32	34	36	38	40	42
Zahl der Zähne der Ritzel hinten	12	2,0	2,17	2,33	2,5	2,67	2,83	3,0	3,17	3,33	3,5
	13	1,85	2,0	2,15	2,31	2,46	2,62	2,77	2,92	3,08	3,23
	14	1,71	1,86	2,0	2,14	2,29	2,43	2,57	2,71	2,86	3,0
	15	1,6	1,73	1,87	2,0	2,13	2,27	2,4	2,53	2,67	2,8
	16	1,5	1,63	1,75	1,88	2,0	2,13	2,25	2,38	2,5	2,63
	17	1,41	1,53	1,65	1,76	1,88	2,0	2,12	2,24	2,35	2,47
	18	1,33	1,44	1,56	1,67	1,78	1,89	2,0	2,11	2,22	2,33
	19	1,26	1,37	1,47	1,58	1,68	1,79	1,89	2,0	2,11	2,21
	20	1,2	1,3	1,4	1,5	1,6	1,7	1,8	1,9	2,0	2,1
	21	1,14	1,24	1,33	1,43	1,52	1,62	1,71	1,81	1,9	2,0
	22	1,09	1,18	1,27	1,36	1,45	1,55	1,64	1,73	1,82	1,91
	23	1,04	1,13	1,22	1,30	1,39	1,48	1,57	1,65	1,74	1,83
	24	1,0	1,08	1,17	1,25	1,33	1,42	1,5	1,58	1,67	1,75
	25	0,96	1,04	1,12	1,2	1,28	1,36	1,44	1,52	1,6	1,68
	26	0,92	1,0	1,08	1,15	1,23	1,31	1,38	1,46	1,54	1,62
	28	0,86	0,93	1,0	1,07	1,14	1,21	1,29	1,36	1,43	1,5
	29	0,83	0,9	0,97	1,03	1,1	1,17	1,24	1,31	1,38	1,45
	30	0,8	0,87	0,93	1,0	1,07	1,13	1,2	1,27	1,33	1,4
	32	0,75	0,81	0,88	0,94	1,0	1,06	1,13	1,19	1,25	1,31
	34	0,71	0,76	0,82	0,88	0,94	1,0	1,06	1,12	1,18	1,24

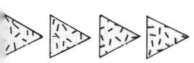

weg des Schaltwerks sind genau aufeinander abgestimmt.
Besonders experimentierfreudige Bike-Bastler gehen in der letzten Zeit immer häufiger dazu über, statt des mächtigen Offroad-Schaltwerks ein filigranes Rennrad-Modell an ihren Stollenflitzer zu bauen. Vor allem im Worldcup-Zirkus sieht man mittlerweile sehr

So berechnen Sie die Entfaltung (der Weg, den das Rad mit einer Kurbelumdrehung zurücklegt):
Verhältniszahl × Raddurchmesser × Pi (3,14)

So berechnen Sie die Geschwindigkeit in km/h bei einer bestimmten Trittfrequenz:

$$\frac{\text{Verhältniszahl} \times \text{Trittfrequenz} \times 60}{1000}$$

das Tempo bei jeder möglichen Übersetzung und bei jeder Trittfrequenz ausrechnen.

GROSS

44	45	46	48	50	52	53	54
3,67	3,75	3,83	4,0	4,17	4,33	4,42	4,5
3,38	3,46	3,54	3,69	3,85	4,0	4,08	4,15
3,14	3,21	3,29	3,43	3,57	3,71	3,79	3,86
2,93	3,0	3,07	3,2	3,33	3,47	3,53	3,6
2,75	2,81	2,88	3,0	3,13	3,25	3,31	3,38
2,59	2,65	2,71	2,82	2,94	3,06	3,12	3,18
2,44	2,5	2,56	2,67	2,78	2,89	2,94	3,0
2,32	2,37	2,42	2,53	2,63	2,74	2,79	2,84
2,2	2,25	2,3	2,4	2,5	2,6	2,65	2,7
2,1	2,14	2,19	2,29	2,38	2,48	2,52	2,57
2,0	2,05	2,09	2,18	2,27	2,36	2,41	2,45
1,91	1,96	2,0	2,09	2,17	2,26	2,30	2,35
1,83	1,88	1,92	2,0	2,08	2,17	2,21	2,25
1,76	1,8	1,84	1,92	2,0	2,08	2,12	2,16
1,69	1,73	1,77	1,85	1,92	2,0	2,04	2,08
1,57	1,6	1,64	1,71	1,79	1,86	1,89	1,93
1,52	1,56	1,59	1,66	1,72	1,79	1,83	1,86
1,47	1,5	1,53	1,6	1,67	1,73	1,77	1,8
1,38	1,41	1,44	1,5	1,56	1,62	1,66	1,69
1,29	1,32	1,35	1,41	1,47	1,53	1,56	1,59

viele Superbe Pro-, Dura Ace- oder Ultegra-Kettenwechsler. Auch hier gilt: Bei Produkten nur eines Herstellers – vorne wie hinten – gibt es in aller Regel nur freundliche Gesichter. Ein kleiner Nachteil: Die kurzen Rennrad-Schaltwerke bewältigen normalerweise als größtes Ritzel maximal ein 28er. Schon dabei tut sich das Leichtgewicht allerdings schwer, die im Vergleich zum Straßenrenner enorme Kettenlänge zu verdauen: Bei Klein-Klein-Kombinationen kann sich der Gliederstrang schon einmal gehörig hängen lassen.
Wer seine Schaltung und Übersetzung verbessern und verfeinern möchte, kommt in vielen Fällen allerdings nicht drumherum, es zunächst einmal einfach auszuprobieren. Das bringt oft schon nach kurzer Zeit den gewünschten Erfolg. Nebenbei lernt man die Technik seines Bikes besser kennen und verstehen und – hat natürlich auch Spaß dabei. Wichtig: Lassen Sie sich nicht vom Gruppenzwang der Komponentenhersteller einschüchtern. In den meisten Fällen handelt es sich dabei weniger um eine technische Notwendigkeit als vielmehr um einen ärgerlichen Vermarktungstrick.

14

BREMS-TUNING: SO VERBESSERN SIE IHRE BREMSANLAGE

Hier ist kein Platz für Schwächlinge: Extremes Gefälle, tückischer Untergrund und schlammige Wege fordern alles von den Bike-Bremsen. Im rauhen Offroad-Betrieb kommen nur die Starken durch — und die Sensiblen. Lesen Sie hier, wie Sie mit einfachen Mitteln die Wirkung und Dosierbarkeit Ihrer Bremsen deutlich verbessern können.

15

Für den Einsteiger ist es beinahe eine Premiere: Der nagelneue Geländeflitzer hat vor allem mit dem enormen Biß seiner Cantilever-Bremsen seinen starken Auftritt. Gemessen an der schwachen Vorstellung der althergebrachten keit der Verzögerungskraft. Abseits asphaltierter Flächen findet man häufig auch noch extreme Gefällstrecken vor, die sich nur dann ohne Krämpfe in den Händen und Unterarmen zurücklegen lassen, wenn die Betätigungs-

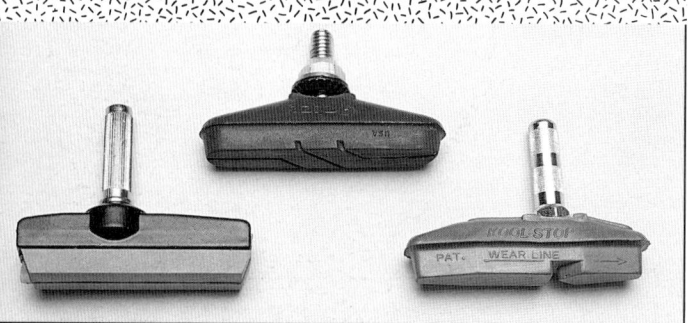

Preiswert und effektiv: die Bremsklötze von Scott, Aztec und Kool-Stop.

Rücktrittnabe fühlen sich die Bike-Verzögerer beinahe so an, als würde ein unsichtbarer Mitspieler plötzlich einen Krückstock in die Speichen halten: Wer nur kräftig genug an den Bremshebeln zieht, wird von seinem Gaul aufs Parkett geworfen.

Dennoch – was den begeisterten Offroad-Novizen auf den ersten Asphalt-Metern in Verzückung versetzt, kann schon nach wenigen Gelände-Ausflügen für Ernüchterung und Ratlosigkeit sorgen: Hier sind die Anforderungen an die Bremsanlage so vielfältig, daß nur wirklich optimal gewartete und justierte Verzögerer für Sicherheit und Fahrvergnügen sorgen können. Anders als auf der Straße kommt es im Gelände – auf losem Untergrund – nicht auf Bremsmanöver im Hauruck-Verfahren an, sondern auf ein sanftes Einsetzen und gute Dosierbar-

kräfte des Bremsenpaars möglichst gering sind. Darüber hinaus erfordern Schmutz, Schlamm und Nässe eine Konstruktion, die hart im Nehmen ist.

In den meisten Fällen sind es nur Kleinigkeiten, die den Unterschied zwischen einer optimalen und allenfalls mittelmäßigen Bike-Bremse ausmachen. Sie können anhand der folgenden Checkliste schnell und mit geringem Aufwand Ihre Bremsanlage überprüfen und – falls nötig – verbessern:

BÄRIGER GRIFF DURCH OPTIMALE EINSTELLUNG

Kontrollieren Sie in regelmäßigen Abständen die korrekte Justage der Bremsklötze: Von vorn gesehen sollten sie mit ihrer ganzen Fläche an der Felge anliegen, von der Seite gesehen müssen sie genau

parallel zur Felgenflanke ausgerichtet sein. Vergessen Sie nicht, die Bremsgummis so zu justieren, daß sie – von oben gesehen – zuerst mit dem vorderen Ende die Felge berühren und am hinteren Ende noch etwa einen Millimeter von der Felge abstehen. Mit dieser Grundeinstellung sichern Sie sich eine optimale Verzögerung.

Wichtig: Überprüfen Sie die richtige Einstellung der Verbindungskabel. Das Seildreieck zwischen den beiden Bremsarmen sollte möglichst flach über dem Reifen verlaufen – mindestens aber im 90-Grad-Winkel. Je spitzer das Seildreieck über dem Reifen verläuft, desto schwächer wird die Bremswirkung. Schwierig wird diese Einstellungsarbeit für alle City-Biker: Schutzbleche und Scheinwerfer sind einer optimalen Justage der Verbindungskabel im Weg. Dennoch kann man in den meisten Fällen auch hier noch etwas Boden gutmachen: An fast allen City-Bikes läßt sich der Querzugträger noch allemal ein oder zwei Zentimeter tiefer setzen – bis er fast auf dem Schutzblech aufliegt. Selbst diese geringe Veränderung des Seildreiecks bringt in aller Regel eine spürbare Verbesserung der Bremsleistung.

Kontrollieren Sie die Länge der Kabelzüge: Sie werden überrascht sein, wie großzügig sich hier viele Bike-Hersteller verhalten. In den meisten Fällen bekommen Sie vom Händler ein Bike ausgeliefert, dessen Kabelwust locker ausreicht, um noch an einem Wettbewerb im Lassowerfen teilzunehmen. Schaffen Sie Abhilfe und greifen Sie zur Kneifzange: Jeder

Zentimeter Außenhülle zuviel verschlechtert die Dosierbarkeit Ihrer Bremsen und erhöht die Handkräfte. Der Grund: Eine lange Außenhülle verringert den Wirkungsgrad Ihrer Verzögerer durch Reibung und Stauchung. Bevor Sie Ihre Kabel rigoros einen Kopf kürzer machen, probieren Sie bitte aus, ob sich der Lenker noch voll einschlagen läßt, ohne ein Kabel abzuknicken oder zu dehnen. Wichtig: Benutzen Sie zum Ablängen der Züge unbedingt eine Spezialzange oder zumindest eine sehr scharfe Kneifzange. Andernfalls wird das Kabelende so stark gequetscht, daß Sie womöglich den Innenzug nicht mehr durchziehen können.

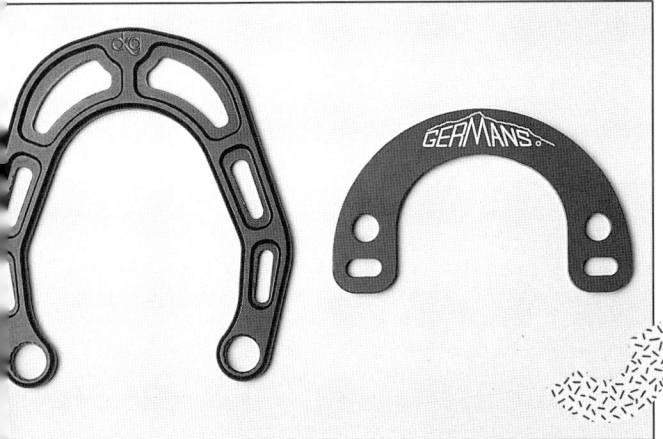

Bügel bringen Power: Verstärkungsbügel gibt es für alle Bremstypen.

Je nach Gebrauch sollten Sie ein- bis zweimal im Jahr alle Bremskabel abmontieren, reinigen und neu einfetten. Durch häufigen Geländeeinsatz sammelt sich vor allem an unzugänglichen oder wenig beachteten Stellen der Kabelführung der Schmutz. Die Folge: erhöhter Verschleiß und Schwergängigkeit.

Bei der Gelegenheit sollten Sie unbedingt auch darauf achten, ob Bremszüge abgeknickt oder angebrochen sind. Im Zweifelsfall tauschen Sie sie lieber aus, bevor Sie im Gelände einen möglicherweise fatalen Defekt erleiden. Wenn Sie sich neue Bremszüge zulegen müssen, greifen Sie ruhig etwas tiefer in die

Tasche und kaufen einen Zugsatz mit Teflonführung, zum Beispiel Easy Glides von Clark Cables. Teflonbeschichtete Züge sind wesentlich reibungsärmer als konventionelle Ausführungen und darüber hinaus weitgehend wartungsfrei.

KONSTANTE BREMS-WIRKUNG DURCH GUTE WARTUNG

Bei der jährlichen Generalüberholung Ihres Bikes empfiehlt es sich, neben den Kabeln auch die Bremsarme und -hebel zu demontieren und zu reinigen. Auch hier kann bereits eine geringe Verschmutzung zu erhöhten Bedienungskräften führen. Schrauben Sie also die Bremsarme von den Anlötsockeln, säubern Sie die Rückholfedern und insbesondere auch alle Flächen, auf denen der Bremsarm seine

15

Drehbewegungen vollzieht. Anschließend fetten Sie Federn und Anlötsockel gut ein. Je weniger Sie am Fett sparen, desto größer ist der spätere Schutz vor eindringender Feuchtigkeit und Schmutz. Mit den Bremshebeln verfahren Sie bitte ebenso: Eine solide Fettpackung auf den Drehpunkten garantiert leichten Gang und guten Witterungsschutz. Genau die entgegengesetzte Methode bringt bei den Felgen den Erfolg: Hier sollten Sie bei der großen Jahresinspektion darauf achten, daß die Flanken völlig fettfrei und sauber sind – nur dann erzielen Sie eine optimale Bremswirkung. Selbst auf den ersten Blick saubere Felgen sind oft von Gummiabrieb verunreinigt. Wischen Sie Ihre Felgen und am besten auch gleich die Bremsklötze mit Reinigungsbenzin oder Spiritus ab. Darüber hinaus sollten Sie die Bremsklötze auf Fremdkörper, zum Beispiel kleine Steinchen, untersuchen und diese entfernen.

Wenn Sie alle diese Einstell- und Wartungsarbeiten durchgeführt haben, wird Ihre Bremsanlage mit großer Sicherheit spürbar besser funktionieren als im „ungepflegten" Zustand. Wer darüber hinaus die Bremswirkung seiner Original-Anlage verbessern will, kann auf eine Reihe von Tuning-Teilen zurückgreifen.

BREMS-TUNING BRINGT DEN ECHTEN BISS

Das preiswerteste, beliebteste und in vielen Fällen auch wirkungsvollste Bremsen-Tuning liegt im Austausch der Origi-

nal-Bremsgummis. Hier können Sie für etwa 20 Mark eine verblüffende Verbesserung der Bremswirkung erzielen. Gerade die Einsteiger- und Mittelklasse-Bremsanlagen von Shimano und Suntour sind meist mit preiswerten, verschleißfesten, aber leider auch nicht sehr effektiven Bremsgummis bestückt. Abhilfe schafft hier zum Beispiel der

Gute Pflege zahlt sich aus: Fetten Sie regelmäßig die Brems-Anlötsockel.

Wechsel zu Aztec-, Kool-Stop- oder Scott-Mathauser-Bremsklötzen. Alle drei kosten im Einzelhandel um die 20 Mark je Paar, sind in Cantilever- oder U-Brake-Ausführung erhältlich und in wenigen Minuten zu montieren. Das Ergebnis ist oft verblüffend: Die Bremsen ziehen enorm gut und sind obendrein noch feinfühlig dosierbar. Wer jedoch Deore XT-Bremsen oder eine Suntour XC-Anlage an seinem Bike vorfindet, sollte sich vor dem Gang zum Händler seine Bremsklötze noch einmal genau anschauen: Meist finden sich auf beiden Top-Serien schon serienmäßig Aztec- oder Kool-Stop-Exemplare. Shimano und Suntour wissen, warum.

Ein ebenfalls sehr wirkungsvolles Mittel zur Steigerung der Bremswirkung ist der Anbau eines Verstärkungsbügels. Ein solcher Verstärkungsbügel verbindet beide Brems-Anlötsockel und verhindert, daß sich diese durch die enormen Hebelkräfte der Bremsen verwinden und somit die Dosierbarkeit der Bike-Stopper beeinträchtigen. Verstärkungsbügel gibt es serienmäßig für alle neueren Shimano-U-Brakes. Wer sein Bike damit nachträglich ausstatten will, kann zum Beispiel auf Germans PowerPlus-Bügel für U-Brakes oder Cantilever-Bremsen zurückgreifen. Ein Nachteil der Cantilever-Bügel ist allerdings, daß sie ziemlich groß ausfallen und sich die Bremsen möglicherweise nicht mehr so weit öffnen lassen, daß sehr breite Reifen noch problemlos hindurchpassen. Hier hilft im Notfall nur noch Luftablassen. Auch für Besitzer einer Magura-Hydraulikbremse gibt es bereits einen Verstärkungsbügel. Der Einsatz eines solchen Bremskraft-Verstärkers lohnt sich allerdings hauptsächlich an schwach dimensionierten Hinterbau-Streben. Vorn sind die Bremssockel an den deutlich mächtigeren Gabelbeinen angelötet, die selbst bei heftigen Bremsmanövern in der Regel nicht mehr zu verwinden sind.

Eine interessante Alternative für Tuning-Freaks bietet der Odyssey Pro Steer-Vorbau. Hier wird das Bremskabel über eine Exzenter-Rolle geführt, die ähnlich wie ein Flaschenzug die Zugkraft auf die Bremsarme erhöht. Die Bremswirkung verbessert sich dadurch sehr eindrucksvoll, allerdings muß man sich erst eine Weile an den abrupt einsetzenden Biß der Cantis gewöhnen.

In vielen Fällen liegt die Ursache unbefriedigender Bremswirkung jedoch an einer Stelle, wo man selbst mit einer Armada von Bügeln und Umlenkrollen kaum einen durchgreifenden Erfolg erzielen kann: bei den Felgen. Die meisten Felgen werden heutzutage aus modischen Gesichtspunkten dunkel anodisiert oder eloxiert. Trotz gegenteiliger Behauptungen vieler Hersteller werden die Felgen dadurch weder stabiler noch haltbarer. Dafür haben fast alle dunklen Alu-Felgen gegenüber ihren hellen, „naturbelassenen" Pendants einen spürbaren Nachteil: Sie bremsen schlechter. Die dunkle Anodisations-Schicht ist so hart und glatt, daß die Bremsgummis praktisch daran abrutschen. Wer nicht gleich einen Satz neuer, blanker Alu-Felgen kaufen will, kann sich auf zweierlei Art behelfen: Entweder so oft es geht durch den Dreck fahren und dabei auf die Schmirgelwirkung der Bremsklötze

vertrauen – oder gleich selbst zum Schleifpapier greifen und die Anodisation an den Flanken entfernen. Doch Vorsicht: Wer hier zu eifrig ans Werk geht, kann die Felgenflanken möglicherweise gefährlich ausdünnen.

Für Freaks, die ihr Bike auch optisch tunen wollen, bleibt nur der – tiefe – Griff in die Geldbörse: Sehr leicht, formschön und griffig sind die XC-Pro-Bremshebel von Suntour. Alle Offroad-Fans, die sich bisher mit wackeligen Plastik-Bremshebeln aus den billigen Komponentengruppen herumschlagen mußten, sollten es einmal mit diesen neuen Zweifingerhebeln versuchen. Das neue Brems-Gefühl wird ganz verblüffend sein: leichtgängig, präzise und optimal dosierbar – wie es sich jeder im harten Geländeeinsatz wünscht.

Besonders individuell, aber zum Teil auch erheblich teurer als die Bremsen aus der Großserie sind die Custom-Made-

Born in the USA: Die stärksten Bremsen kommen aus kleinen Edelschmieden.

Stopper von IRD, Wilderness Trail Bikes oder Odyssey: Für bis zu 600,– Mark bekommt man exklusive und wirksame Bremsanlagen von den bekanntesten Custom-Made-Schmieden aus den USA. Die wenigen Unersättlichen, die neben der individuellen Erscheinung auch eine Bremswirkung suchen, die alles andere in den Schatten stellt, haben beinahe nur eine Wahl: die Grafton Speed Control Cantilever-Bremsen – wahrscheinlich die stärkste Bremse, die derzeit für Mountain Bikes angeboten wird. So viel Qualität hat leider auch einen – reichlich hohen – Preis: Satte 330,– Mark wechseln beim Neukauf den Besitzer – je Paar wohlgemerkt.

Deutlich preiswerter, genauso stark, aber mit einem wesentlichen Nachteil behaftet sind die von Suntour vertriebenen „self energizing"-Cantilever. Hier dreht sich der Bremsarm über einen Schneckengang bei Betätigung ruckartig gegen die Felge. Dadurch erhöht sich die Bremswirkung zwar schlagartig, läßt sich aber nicht mehr so sauber dosieren. Aufgrund der heftig einsetzenden Bremskraft empfiehlt Suntour nur die Montage am Hinterrad – doch gerade hier braucht man so eine starke Bremse nicht, weil das Hinterrad beim Bremsen gewichtsmäßig entlastet wird und dadurch ohnehin sehr leicht blockiert. Wer sich eine sensible Bremshand zutraut, kann es mit der Montage der SE-Bremse an der Gabel versuchen. Das passende Modell liefert hierzu allerdings nicht Suntour, sondern Scott-Pedersen.

15

16.

GEWICHTS-TUNING: SO BAUEN SIE SICH EIN 10-KILO-BIKE

Ein Bike geht in die Luft: Wer beim Offroad-Tuning seine neuen Komponenten pfiffig auswählt, kann aus seinem schweren Serien-Brummer ein spritziges Leichtgewicht zaubern. Hier steht, mit welchen Teilen man bei seinem Stollen-Flitzer Ballast über Bord wirft.

Die Schweißperlen rollten ihr in die Augenbrauen und tropften immer wieder zwischen ihren Armen in die staubige Piste: Petra kämpfte um jeden Meter, wuchtete Tritt für Tritt ihren fast 15 Kilo schweren Fahrrad-Traktor den Berg hinauf. Sie tat es mit dem Gefühl, daß Fitneß eben ihren Preis kostet und daß der Spaß bei der Abfahrt schon kommen würde. Und dann kam plötzlich dieser Typ von hinten, kurbelte fast mühelos neben sie und ließ auch noch einen lokkeren Spruch los. Petra war zu erschöpft, um zu antworten. Sie stieg einfach ab und ließ sich ins Gras plumpsen. Der Typ plauderte drauflos, aber Petra kriegte kaum etwas mit, bis er plötzlich sagte: „Hey, laß uns doch mal die Bikes tauschen." Petra war skeptisch, ob der Typ das nur anbot, um mit ihr anzubandeln. Aber andererseits fand sie ihn ganz sympathisch. Also, gesagt – getan. Was dann kam, war wie eine Befreiung. Petra fühlte sich, als hätte sie schwere Ketten abgestreift. Das superleichte Race Bike des Typen sprang geradezu den Berg rauf, plötzlich war alles ganz leicht. Sie konnte es kaum glauben, Bergauffahren kann wirklich Spaß machen.

Da faßte Petra, die 27jährige Fotolaborantin aus Heidelberg, einen ehernen Entschluß: So ein leichtes Bike mußte sie auch haben. Und es war nicht nur das Argument der leichten Bergfahrten, das Petra überzeugte – auch die Beschleunigung beim Antritt in der Ebene war spürbar besser. Mit so einem leichten Teil geht echt die Post ab.

Nach der ersten Visite beim örtlichen Bike-Shop war Petra allerdings leicht deprimiert: Bikes unter 12 Kilo waren von der Stange kaum zu haben, auch wenn der Herstellerprospekt oft ein niedrigeres Gewicht versprach. Und die paar Spezial-Boliden, die weniger wogen, kosteten lokker über 6000 Mark. Unter elf Kilo – das war das Gewicht, das Petra anpeilte – war jedoch überhaupt nichts zu haben. Da sie nun nicht mühselig am Kurbelstern feilen wollte, blieb ihr nur die etwas aufwendige Recherche nach superleichten Einzelteilen und Komponenten, aus denen sie sich ihr Traumbike selbst zusammenstellen konnte. Mit Hilfe der freundlichen Spezialisten aus dem örtlichen Bike-Shop machte sich Petra auf die nicht ganz einfache Suche nach den leichtesten marktgängigen Bike-Teilen.

RAHMEN UND GABEL: AUCH TUNING SPART PFUNDE

Es war fast schon wieder Liebe auf den ersten Blick: Petra entschied sich spontan für einen schwarz-metallic-farbenen Alu-Rahmen von Cannondale. Das edle Teil ist zwar nicht gerade billig, aber beim Rahmen wollte Petra bewußt nicht knausern – schließlich soll er viele Jahre halten. Das Gewicht der schwarzen Schönheit: komplett mit Innenlager, leichtem Shimano-Steuersatz und Gabel nur sensationelle 2800 Gramm. Wer sich nicht gleich – so wie Petra – einen neuen Rahmen für 1500 Mark leisten will, hat dennoch auch bei seinem

Veteranen Möglichkeiten, etwas Gewicht einzusparen:
● Mit einer besseren, leichteren Gabel, zum Beispiel aus Tange Prestige-Rohren.
● Mit einem leichteren Steuersatz, beispielsweise einem

Bei billigen Rahmen aus bleischwerem Wasserrohr-Stahl lohnt sich eine solche Tuningmaßnahme jedoch nicht. Am besten eignen sich Rahmen aus hochwertigem CroMo-Stahl, zum Beispiel

sen. Ihr Tip: Gewichte vergleichen! Der schwerste Stollenreifen, den Petra fand, wog über 1200 Gramm – der leichteste nicht einmal die Hälfte. Ersparnis: mehr als ein Kilo allein bei einem Satz Reifen. Aber auch bei Felgen, Naben und Zahnkränzen gibt es deutliche Unterschiede:
Petras Wahl fiel auf die leichten und einfach zu wartenden Bullseye-Naben, auf einen Marchisio-Alu-Zahnkranz und schmale Bontrager-MA-40-Felgen. Der ganze Laufradsatz wiegt komplett rund 2000 Gramm – ohne Bereifung. Die beiden Ritchey-Reifen und die Specialized-Schläuche schlagen dann noch einmal mit knapp 1500 Gramm zu Buche. Zwei komplette Laufräder, die weniger als 3500 Gramm auf die Waage bringen – Laufräder von biederen City Bikes wiegen manchmal doppelt so viel. Aber Achtung: Den sehr leich-

Gewichtsrekord: Der leichteste Bike-Rahmen wiegt erstaunliche 1300 Gramm.

Alu-Modell des französischen Herstellers Stronglight, oder einem Rennrad-Steuersatz wie dem 600er Ultegra von Shimano. Schlechte Karten haben hier die Besitzer von Oversize-Bikes: Die Riesen-Steuersätze bringen mehr als das Doppelte auf die Waage, und leichte Alternativen sind derzeit nicht in Sicht.
● Mit einem Titan-Innenlager, das kompett nicht mehr wiegt als die Welle eines herkömmlichen Lagers. Nachteil: Das edle Metall verlangt einen erschreckend tiefen Griff in die Geldbörse.

von Tange, Columbus oder Reynolds, oder gute Aluminiumrahmen, beispielsweise von Klein oder Cannondale.

LAUFRÄDER: BEI REIFEN ÜBER EIN KILO SPAREN

Am meisten staunte Petra auf ihrer Suche nach den leichten Teilen, als sie die Gewichte der Laufräder miteinander verglich: Da kann man gut 1000 Gramm einsparen, ohne mit deutlich höherem Anschaffungspreis rechnen zu müs-

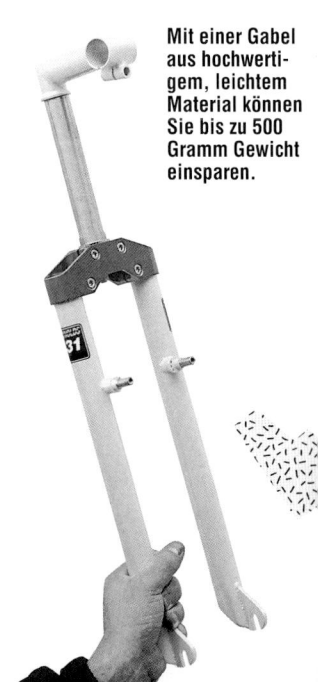

Mit einer Gabel aus hochwertigem, leichtem Material können Sie bis zu 500 Gramm Gewicht einsparen.

ten Marchisio Alu-Zahnkranz sollte man mit einer Rohloff-Kette kombinieren, da sonst der Verschleiß zu hoch sein

● Die größte Gewichtserspar-nis bringen jedoch leichte Rei-fen: Spitze sind in dieser Beziehung der Ritchey

● Wer auch bei den Schläu-chen aufs Gramm achtet, ist mit dem Panaracer Poly-Lite und dem Specialized Ultra Light gut bedient.

Diät für die Laufräder: Durch geschickte Nabenwahl spart man 200 Gramm.

BREMSEN UND BREMS-HEBEL: TEILE AUS DER GROSS-SERIE TUN'S AUCH

Bei den Bremsen will Petra keine Kompromisse eingehen: Hier darf es nur das Beste vom Besten sein, selbst wenn es ein paar Gramm mehr wiegt. Die Sicherheit auf lan-gen Abfahrten geht ein-fach vor ein paar Gramm Gewichtser-sparnis. Ihre Wahl fällt daher auf die Grafton Cantileverbremsen aus den USA. Kom-

könnte. Experten geben Alu-Zahnkränzen ohnehin nur ein Drittel der Lebensdauer von Stahl-Pendants.
Für den, der's versuchen will, gibt's hier noch ein paar Tips:
● Neben den Bullseye-Naben zählt die Konkurrenz von American Classic und Winners zum Leichtesten auf dem Markt.
● Die Fliegengewichte unter den Felgen sind derzeit neben der Bontrager-MA-40 die Rit-chey Vantage Comp und die Matrix Mt. Titan. Ebenfalls sehr leicht sind die Topmodelle von Specialized, Araya und Wolber – und ständig kom-men weitere Leichtgewichte hinzu.
● Auch ei den Speichen lassen sich ohne Stabilitätsver-luste einige Dutzend Gramm einsparen: durch eine geringere Speichenzahl – 32-Loch-Naben und -Felgen statt der üblichen 36-Loch-Modelle –, durch den Einbau von Titan-speichen oder indem Sie Ihren Händler bitten, dünnere Renn-rad-Speichen für Ihr Bike zurechtzuschneiden.

Augen auf beim Rei-fenkauf: Die leich-testen Stollenpneus wiegen unter 600 Gramm – und sind dennoch voll gelände-tauglich.

Racing K und der Specialized Ground Control S – beide unter 600 Gramm und voll geländetauglich. Ebenfalls unter 600 Gramm wiegt der neue Continental Super Cross mit Kevlardraht.

plett für vorne und hinten bringen sie 350 Gramm auf die Waage. Besonders gut gefallen Petra dazu die brand-neuen Zwei-Finger-Bremshe-bel aus Suntours XC Pro-Gruppe – ein Paar wiegt gerade einmal 220 Gramm. Wer nicht so viel Geld für seine Bremsen ausgeben will, kann sich guten Gewissens auch mit der Großserie begnügen: Shimano Deore XT, Diacompe 986 und Suntour XC Cantile-

Custom-Made-Teile sind oft leichter.

verbremsen sind fast genauso leicht, und auch die Bremshebel unterscheiden sich nur geringfügig. Schlecht sieht's allerdings für die Besitzer von U-Brakes und Rollercam-Bremsen aus: Obwohl in der Funktion oft sehr gut, sind diese Modelle gut doppelt so schwer wie die Cantilever-Ausführungen. Gewichtsmäßig sehr gut im Rennen liegen auch die hydraulischen Bremsen von Magura und Pellyfren.

SCHALTUNG UND SCHALTHEBEL: SUNTOUR IST LEICHTER

Bei den Schalthebeln bleibt Petra konservativ: Ihr Favorit sind die Daumenschalthebel aus Suntours neuer XC Pro-Gruppe, die je Stück nur 70 Gramm wiegen. Die neuartigen Schalthebel für die Unterdem-Lenker-Montage sind mindestens doppelt so schwer: nichts für Petras Leichtbike. Umwerfer und Schaltwerk kommen ebenfalls von Suntour, diesmal allerdings aus der letztjährigen XC 9000-Gruppe. Beide zusammen belasten Petras Bike mit nur 330 Gramm.

Für Biker, die gerne mit der Schaltung experimentieren: Gewicht spart man mit einem Short-Cage-Schaltwerk, das zwar offiziell nur 28 Zähne als größtes Ritzel bewältigt, in der Praxis aber oft auch 30 und 32 Zähne schafft. Noch weniger wiegen Rennrad-Schaltwerke wie das Shimano Dura Ace oder das Suntour Superbe Pro, mit denen viele US-Biker ihre Rennen bestreiten.

VORBAU UND LENKER: TITAN WIEGT AM WENIGSTEN

Das Auge entscheidet mit: Petra wählte Vorbau und Lenker aus Titan – feinste Verarbeitung, edler Glanz und extrem niedriges Gewicht. Beide zusammen wiegen nur 380 Gramm, weniger als die Hälfte als ein CroMoly-Vorbau samt Lenker. Titan hat übrigens den Vorteil, bei hoher Belastung zäh-elastisch zu reagieren. Brüche kommen also bei diesen sicherheitsrelevanten Teilen nicht vor. Noch leichter als der Titan-Lenker ist nur noch der neue Carbon-Lenker von IKO. Seit kurzer Zeit gibt es sogar superleichte Lenker-Vorbau-Einheiten aus Carbon. Wem Titan und Carbon zu snobistisch erscheint, der kann auch mit dem nur wenig schwereren Ritchey-Vorbau aus CroMo-Stahl vorliebnehmen – die Geldbörse wird's danken.

TRETLAGER UND PEDALE: NEUES IST LEICHTER

Dem Neuen eine Chance: Das Suntour XC Pro-Tretlager gefiel Petra besonders aufgrund seines elegant-abgerundeten Kurbelsterns, seiner runden Kettenblätter und – natürlich – seines geringen

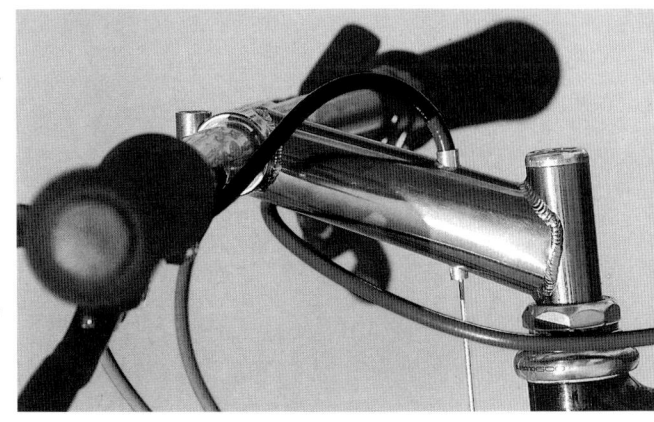

Gewichts. 690 Gramm bringt das flotte Teil auf die Waage – etwas weniger noch als das auch schon sehr leichte Shimano-Gegenstück aus der Deore XT-Serie. Wer's noch etwas leichter und individueller mag, dem bietet sich das CroMoly-Tretlager von Bullseye an – allerdings zu einem deutlich höheren Preis. Erste Wahl aus dem umfangreichen Pedal-Angebot war

An beinahe jedem Teil läßt sich noch Gewicht einsparen. Durch geschickte Komponentenwahl können Sie Ihr Bike im günstigsten Fall um mehrere Kilogramm erleichtern – und Ihren Fahrspaß um ein Vielfaches erhöhen.

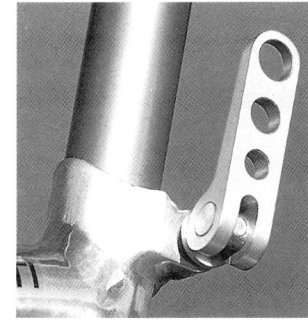

für Petra das brandneue XC-Competition-Pedal von Suntour. Mit Haken und Riemen bringt es ein Paar auf nur 410 Gramm. Gleich wenig wiegt auch das neue Deore XT-Pedal von Shimano – und damit immerhin 130 Gramm weniger als das Vorgängermodell im Bärentatzen-Format.

SATTEL UND SATTEL-STÜTZE: ANLEIHE VOM RENNRAD

Auch hier gab es eine Überraschung für Petra: Trotz annähernd gleicher Abmessungen differierten die Sattelgewichte um mehr als 400 Gramm. Auch hier hilft also: Gewichte vergleichen, und vor allem – Probesitzen. Der Sattel mit der schwergewichtigen Schaumstoffüllung ist längst keine Gewähr für den komfortablen Ritt durch Wald und Flur. Petra hat bisher die besten Erfahrungen mit hoch-

Im unwegsamen Gelände haben Sie mit einem Leichtbike weniger Mühe.

LEICHTBIKE-KOMPONENTEN

Bauteil	Hersteller/ Modell	Gewicht (Gramm)	Preis (Mark*)	Bezugsquelle
RAHMEN, KOMPLETT:		**2800**		
Rahmen, Gabel	Cannondale		1500	Glees & Liebert, Köln
Steuersatz	Shimano 600		50	Fachhandel
Innenlager	Cook Bros.		180	Bike-Tech, Frankfurt
LAUFRADSATZ:		**2020**		
Naben	Bullseye		Paar 285	Fachhandel
Felgen	Bontrager MA 40		Paar 118	Germans, Heidelberg
Speichen	Prym 1,8 mm Niro		Satz 36	Fachhandel
Zahnkranz	Marchisio Alu 7-fach		179	IKO Sport, Rosenheim
BEREIFUNG:		**1460**		
Reifen	Ritchey Racing K		Paar 178	Delta Sports, Nürnberg
Schläuche	Specialized		Paar 30	Fachhandel
BREMSEN:				
Cantileverbremsen	Grafton	350	Paar 660	Glees & Liebert
Bremshebel	Suntour XC Pro	220	Paar 85	Fachhandel
SCHALTUNG:				
Schalthebel	Suntour XC Pro	140	Paar 90	Fachhandel
Schaltwerk	Suntour XC 9010	220	100	Fachhandel
Umwerfer	Suntour XC 9000	110	50	Fachhandel
ANTRIEB				
Tretlager	Suntour XC Pro	690	260	Fachhandel
Pedale mit Haken und Riemen	Suntour XC Pro \ Christophe MTB /	410	Paar 180 Paar 20	Fachhandel GROFA, Hochheim-Wallau
Kette	Rohloff SL-T 99	320	50	Rohloff, Kassel
SONSTIGES:				
Vorbau	Litespeed Titan	220	400	Delta Sports, Nürnberg
Lenker	Cook Bros.	160	270	Bike-Tech, Frankfurt
Griffe	MTB Moosgummi	60	10	Fachhandel
Sattelstütze	Ritchey	260	200	Delta Sports, Nürnberg
Klemmbolzen	Suntour XC Pro	50	30	Fachhandel
Sattel	Selle Rolls Ergo	470	80	GROFA, Hochheim-Wallau
Kabelzüge	Clark's MTB	240	20	GROFA, Hochheim-Wallau
SUMME		**10200**	**5061**	

* alle Preise sind durchschnittliche Verkaufspreise

wertigen Rennrad-Sätteln gemacht: Ihr Favorit ist der Rolls Ergo von Selle San Marco. Auch sehr bequem und noch einmal leichter ist der Turbo Special aus gleichem Haus.

Bei der Wahl der Sattelstütze kennt Petra keine Kompromisse: Leicht sein muß sie – und schön. Und da gibt es für Petra nur eine Alternative: die filigrane Aluminium-Stütze von Ritchey, die so glänzt, als hätte sie Meister Tom persönlich mit dem Hemdsärmel poliert. Ihr Gewicht: 260 Gramm. Noch etwas leichter und sogar etwas billiger sind die Carbon-Sattelstützen von IKO und Scrambler.

Alles in allem bringt Petras Leichtbike nun exakt 10,2 Kilo auf die Waage – ein Spitzenwert, der leider auch seinen Preis hat: Rund 5000 Mark mußte Petra in ihren Traum investieren.

Aber auch für 4000 Mark kommt man schon sehr nah an die 10-Kilo-Schallmauer heran: Wer die Grafton-Bremsen durch die Großserien-Modelle Shimano Deore XT, Diacompe 986 oder Suntour XC Pro ersetzt und statt des Titan-Lenkers und -Vorbaus einen leichten CroMo-Vorbau und einen Carbonlenker wählt, spart rund 1000 Mark ein.

Für Low-Budget-Biker, die nicht gleich mehrere tausend Mark für ein neues Bike ausgeben können, empfiehlt sich zuerst einmal die Investition in einen neuen Laufradsatz als effektivste Leicht-Tuning-Maßnahme: Für ein paar hundert Mark gibt es bereits ein neues Bike-Fahrgestell, das bis zu zwei Kilo an Gewicht einsparen kann.

16

Aufsteigen und abfahren

Ulrich Stanciu
Alles übers Mountain Bike

Ein informatives Kraftpaket für
Offroad-Fans und alle, die es
werden wollen. Das gesamte
Wissen vieler Bike-Experten
wird hier vom Autor interes-
sant und leicht verständlich
präsentiert.
Konstruktion, Kaufberatung,
Fahrtechnik für Anfänger und
Cracks und Tips für Sicherheit,
Reparatur und das richtige
Verhalten in der Natur: „Alles
übers Mountain Bike" bietet
komplette Informationen für
Bike-Besitzer und -Interessen-
ten.

136 Seiten mit 122 farbigen
Abbildungen, kart. DM 16,80

Preisänderung vorbehalten!

 Delius Klasing
Verlag